极致引流

用消费者思维颠覆传统成交路径

熊玥伽◎著

THE
ART
OF
LINK

中国友谊出版公司

目 录
CONTENT

前 言

第一章 **引流的几个故事** / 001

《纸牌屋》中的大数据引流 / 005
像小米手机一样，玩转粉丝引流 / 016
善用媒介，让内容拥有魔力 / 021

第二章 **引流究竟是什么？** / 041

引流的来龙去脉 / 044
引和流的博弈 / 052
碎片化的引流新时代 / 057

第三章 **重新读懂消费者** / 061

给消费者做个分类 / 064
消费者变了 / 069
消费者传播新流程 / 076

第四章 **媒介引流** / 081

新媒介出现了 / 085
消费者可以同时使用多个媒介 / 087
媒介参与度有高低之分 / 092
高参与度的媒介：重在互动 / 096
中等参与度的媒介：不能滥用 / 115
低参与度的媒介：在衰退中转型 / 122

第五章 **时机引流** / 133

什么是引流时机？ / 136
借时机引流 / 138
三种方式制造时机引流 / 147
把握最好的引流时机 / 154

第六章 **内容引流** / 165

满足消费者需求的内容引流 / 168
用情绪做好社交内容 / 181
社群内容，从社交需求延伸而来 / 198
创作有生命力的引流内容 / 203

致 谢

前 言
PREFACE

在京东、大众点评网、糯米网都开了店，为何销量没有起色？

明明觉得自己的推广文章写得很好，为什么阅读量很低？

在微博天天蹭热搜，为什么粉丝还是没有过百？

店铺每天都在室外揽客，为什么路人看到就躲开？

…………

在创作本书之前，我常常听到诸如此类的问题，大家都在说，微博涨粉太难了，写公众号文章太难了，逛街的人也越来越少了……这些“难”点似乎最终都指向了相同的东西——流量。我也曾目睹许多创业者和营销能手们，想出各种花样来吸引用户，无论其成功与失败，都成为了商业活动中不容忽视的关键因素。事实上，在全球范围内，不乏因极致的引流手法而一夜爆红的成功案例。

基于这些层出不穷的问题和丰富多彩的实践案例，让我最终决定写一本关于引流的作品。现代的引流者们，他们或许是创业者，或许是专业的营销人、广告人，时时刻刻都在思考引流，高喊着引流，却忙得没时间把经验和体会写成文字。

而这本书，将通过真实案例的实践总结，帮助大家理解引流的要点:

第一，引流是买卖双方互动传播的过程。

互联网技术打通了受众传播渠道，商品的信息发布和销售不再是商家说了算。以往，只有商家才引导消费者购买，而如今，消费者有了流向商家的自主选择权。

因此，以往常用的“营销”概念已经无法完全概括新的商品信息传播过程了，取而代之的是“引流”这个更加形象的概念，商家们也越来越习惯把引流放在嘴边。

第二，消费者决定引流的使用媒介。

在互联网时代，商品信息流通渠道非常多，这就导致了媒介那头的消费者越来越分散。如果引流者还想通过垄断媒介通道来强制传递商品信息，那几乎是不可能的。在遍地都是媒介的时代，谁能买断所有的媒介通道呢?

摆在引流者面前的，有报纸、电视、电台等传统媒介，又有微博、微信、电商等新兴媒介，还有很多其他看似不起眼的媒介，到底用哪一种或者哪一些媒介来传递商品信息更有效? 本书的核心观点是，别去想当然地选择媒介，而是要分析你的消费者，他们喜欢用什么媒介，你就使用什么媒介引流。

第三，消费者和引流媒介决定引流内容。

随着大数据时代的来临，消费者数据在数量和质量上都得到了突破。消费者常用哪些媒介? 什么样的内容更能促使他们购买? 在大数据面前，这些问题找到了解答的方向。引流者可以根据数据判断消费者的喜好，从而决定营销内容。

另外，由于媒介的碎片化特征，在不同的媒介土壤里，内容也有很大差异。比如在微博上要会写小段子，在公众号上要围绕观点写文章。如果你的消费者喜欢用微博，那么你就得学会写好段子；如果你的消费者正好是某个微博大V的粉丝，那么你就可以考虑联合微博大V打广告了。

第四，引流不是短期刺激，而是长期付出。

有的引流者，为了一时的效果，通过疯狂降低商品价格来引流，但短暂刺激后，这种做法留不住顾客，而且难以持续。放弃短暂享受，追求持续引流，这才是引流者们在现在和未来需要坚持践行的理念。

在以上四点基本认识之上，本书将重点探讨消费者、引流媒介和引流内容，并且对引流时机加以分析阐释。互联网的发展已经把我们推向了碎片化时代，如果企业还在回味过往的辉煌，甚至试图重返绝对的集中化时代，那么终将被时代淘汰。

本书将会介绍一些引流的新方法，但最终目的是为了告诉大家：快速而精准地了解消费者，在适当的时机选择适当的媒介与消费者进行接触，这些准备优先于任何营销策略。

引流不是一次营销活动，也不是一个广告短片，它是一个可持续的系统，是一个循环传播的过程，它的完成，离不开消费者的参与和推动。

| 第一章 |

引流的几个故事

如今，新技术和新思想正在推动引流的变革：

第一，引流的概念正在变得越来越丰富。引流这一说法刚出现的时候，专指网络流量的导入。发展到后来，引流成为了一个线上线下通行的概念。同时，流量的指代范围扩大到了现金流、客流等方面。

第二，大数据研究的新技术被人们积极地运用到引流的商业实践当中。在各行各业，人们都可以利用大数据来深入了解顾客，并设计出科学的引流方案。例如影视行业，通过大数据能锁定粉丝喜好，以此精确定制出一部打动人心的作品；在电商领域，通过大数据能够做到精准营销，根据消费者的习惯爱好，定向为他们推荐相关产品。

第三，互联网改变了人们的思维模式。每天都有成千上万的新思想出现，新的商业模式、新的商业理念、新的产品……引流也是如此，新的引流思维不断涌现。

在互联网飞速前进的这十年，引流也在不断进化。比如在过去，一个写作者无法单独成为引流渠道。但现在，一篇高质量的公众号文章就可以吸引超过十万次的点击，通过“赞赏”功能，作者能够立即得到现金回报，这是非常普遍的现象。

在本书的开篇，通过几个精选小故事的讲述，或许能够带给大家最直观的感受：在时代的创新中，有的东西改变了，有的东西不会改变。在变与不变之间，有一些个体事件和人物，他们把控好了平衡，用创新的思维突破了引流瓶颈。从这些现象入手，我们或许能更好更系统地理解引流。

《纸牌屋》中的大数据引流

2013年2月1日，改编自英国同名小说的《纸牌屋》（*House of Cards*）首次在流媒体服务商Netflix（奈飞公司）网站上播出。这部政治题材的美国电视连续剧瞬间点燃全球观众的热情，在当年艾美奖上，获得9项提名，并最终斩获了剧情类最佳导演、最佳选角和单镜头剧集最佳摄影三项大奖。2014年2月，《纸牌屋》第二季再次大获全胜，同时引发了业界对大数据浪潮的热议。

揭开《纸牌屋》的秘密

2014年2月，《纸牌屋》第二季上线之后，Netflix新增用户305万，当年第一季度用户观看的视频总时长超过40亿小时，在第二季上线后仅仅24小时内，有16%的Netflix用户至少观看了一集，这与第一季上线首日的收视率相比飙升了整整7倍。

另一件有趣的事，是时任美国总统的奥巴马也为该剧背书，在《纸牌屋》第二季回归时，他在推特上发文称："明天看《纸牌屋》，请大家别剧透。"

从国家领导人到家庭主妇，从职场白领到普通学生，《纸牌屋》在全球40多个国家备受追捧，受众范围极广。据统计，《纸牌屋》第二季仅在北美就拥有大概3170万观众。

得益于《纸牌屋》的爆红，Netflix在2014年1月发布的财报显示，公司2013年第四季度营收达到11.75亿美元，较2012年同期增长了24%；净利润达到4800万美元，较2012年同期增长了500%。在《纸牌屋》第二季播出之后，Netflix的股价从2013年初的90多美元飙升至400多美元，市值疯狂暴涨近五倍。此外，Netflix订户数一举超越传统的HBO（Home Box Office，家庭票房）电视网，突破3300万，网络总流量达到900万。

显而易见，不管从客流还是现金流来看，《纸牌屋》的引流都是空前成功的。

《纸牌屋》是Netflix首次自行制作并且完全依靠网络发行的电视剧，由大卫·芬奇、鲍尔·威利蒙联合制作，凯文·史派西主演，主要讲述了众议院多数党党鞭——弗兰西斯·安德伍德（Francis Underwood）在晋升为国务卿的希望破灭后，决定对背叛他的人实施报复的故事。这部被称为“白宫甄嬛传”的美国政治悬疑剧为什么会红遍全球，吸引那么多的观众？其实，在它热播的背后，隐藏着不为人知的秘密。

秘密一：惊人的大数据库。

据统计，在《纸牌屋》首播的2013年，Netflix的全部用户每天在网站上会产生3000多万个行为，其中，订阅用户每天会给出400万个评分，300万次搜索请求。

在用户运行Netflix时，Netflix已经将95%的数据进行存储，包括用户的账号信息、影片评分、影片书签和日志等等。高峰时段，Netflix每秒要处理超过5万次读取和10万次写入的操作，每时每刻，

Netflix都能够灵活快速地创建和管理数据集群。正如美国新闻网站Salon.com（沙龙网络杂志）所描述的，用户只要登录Netflix，其每一次点击、播放、暂停、回放、关闭视频的行为，都会被作为数据进入后台分析。

Netflix或许并不能准确地知道每个用户点击暂停按钮的原因，但是，如果足够多的人在整段视频中的同一个地方做了相同的举动，那么，数据就开始“说话”了。

可以说，Netflix就像一双犀利的眼睛，在后台紧盯着所有用户的观影习惯。基于观影习惯，Netflix对其用户的消费习惯、偏好均有了一定程度的了解，随后就可以准确推送用户可能喜欢的节目，官方数据显示，3/4的用户都会接受Netflix的观影推荐。

从1990年开始，BBC（英国广播公司）曾把原著故事分为三部曲搬上银幕。几年后，美剧《纸牌屋》改编方、美国独立制片公司MRC（Media Rights Capital，媒体权益资本）的一位实习生在飞机上看了BBC版本，向公司强烈推荐。

拿到作品改编权并完成剧本再创作后，MRC联系了传统电视运营商HBO、AMC（英国经典电影有线电视台）等，但都遭到了拒绝。去找Netflix的时候，MRC原本只是想让它买断《纸牌屋》的线上播映权，没想到，Netflix一口气斥资1亿美元买下两季26集版权，并许下不用试播的优厚承诺。

之所以做出这样的决定，是因为Netflix对这个剧本进行了一次大数据分析。通过数据分析，Netflix发现，有相当数量的用户喜欢导演大卫·芬奇的作品，而著名影星凯文·史派西主演的《七宗罪》等电影和英国版《纸牌屋》也都是点击率比较高的节目。同时，记录显示，喜欢政治剧的用户数量非常多。Netflix选择相信大数据。

秘密二：用大数据修通渠道。

更多人好奇的是，与Netflix一样拥有用户数据的公司还有很多，为何偏偏Netflix能够从信息海洋中逮到有价值的信息，获得如此惊人的结果？

其实，早在2005年，Netflix的首席执行官里德·哈斯廷斯就希望能有一种方式预测人们想要看什么节目，于是他们研究出了让用户看完电影来打分的星级评价体系，这种体系后来被广泛应用于各大视频网站。

为了得到更准确的预测能力，Netflix还举办了Netflix Prize大赛，获得第一名的团队在算法上开发了一种更好的多维度预测引擎，大大增加了预测的准确度。

之后，在引导用户注册该网站时，页面会弹出一张近30行的电影分类表，用户可以找到自己喜好的分类，来选择自己以后要看的电影类别；如果用户不愿意亲自挑选，Netflix则会展示5部不同的电影，让用户根据喜好打分，当用户看的影片越多，推荐就越准确。

同时，Netflix会不厌其烦地向用户推送调查问卷，这份问卷超过100项问题，用户不必一次性答完，还可以不断修改答案。在后台，Netflix则会给每一部电影做标签，如浪漫程度、主角受欢迎程度等，通过对标签的归类，构建出了7万多种分类组合推荐给用户。

除此之外，Netflix还曾花钱雇人来看电影，它提取出影片的主题、主角、情节、结尾、色彩、道德情感等多个角度和属性，要求观影者对各个属性进行评分。Netflix还会抓取一些画面，分析画面的色彩、用户播放时的音量、背景音乐等元素，决定应该给用户带去怎样的效果。

Netflix每晚都会进行数据分析，查看哪些节目在哪些地区最受欢迎，以便及时调配服务器。在白天，有些服务器负责处理与视频流播放有关的繁重工作；到夜里，这些服务器就会转为承接对数据的分析工作。

就这样，Netflix修通了连接观众和平台视频的大数据之路，使其成为了流量引导的基础性工具。

大数据引流的革命性颠覆

“《纸牌屋》预示着一场革命！”这句话出自英国《独立报》。从拍摄到播放，《纸牌屋》的整个操作流程都是一种行业性颠覆。

颠覆一：谁来导演这场戏？

与公开调查“观众想让谁当主角”“观众想让剧情怎么发展”的传统做法不同，Netflix通过大数据在背后悄悄地分析观众。当观众在不知情的情况下看到一部符合自己期待的电视剧，他会惊喜地评价：“对，这就是我想要的！这部电视剧太好看了！”相反，如果观众早就公开参与了电视剧的制作过程，这种惊喜感就会大大降低。

所以说，大数据带给观众的，不仅是最爱的演员和剧情，更是一种发自内心的满足和一种被读懂的默契心理。这种心理的现实反映将成为流量聚集的基础，其结果必然是获得令制作方满意至极的超高收视率。

在对已有的大数据进行分析后，Netflix发现了一个看上去似乎有点风马牛不相及的巧合：喜欢观看BBC版本《纸牌屋》的观众会经常观看著名导演大卫·芬奇拍的电影，同时，他们也是奥斯卡影帝凯文·史派西的忠实粉丝。从数据来看，这三个因素“无缝对接”，形成了一个共同的区域，《纸牌屋》的导演、主演就此决定。随后，为了邀请到“红火三要素”之一的凯文·史派西出演该剧，剧组又苦等了10个月，足见拍摄团队在选择导演和演员时对于大数据分析结果的重视程度。

颠覆二：演观众心中所想。

《纸牌屋》的主角弗兰西斯·安德伍德是一个反英雄人物。如今，影视剧中已经有很多此类人物形象：《黑道家族》里的托尼、《嗜血法医》里的德克斯特、《绝命毒师》里的沃尔特·怀特……，观众们已经习惯这样的形象，并且有所期待。同时，数据表明，很多普通人对于政治、权利、阴谋都有相当强的好奇心和求知欲。在这一个层面上，《纸牌屋》引起了观众心中的共鸣。

最让人印象深刻的是，美剧版的《纸牌屋》保留了BBC原剧中主角直接转身对着镜头向观众独白的形式，增加了观众的参与感。就是这样简单直接的表达方式，让人们直呼过瘾。正常情况下，阴谋家不会向你直陈自己的动机，而这部剧的主人公却能把自己邪恶的念头完全展示出来，讲解自己如何狡猾而高效地达到目标，摧毁敌人，在某种程度上道出了人性中最恶的部分。

在大多数时候，人们在生活中基于种种束缚，无法将心中的想法完全释放出来。一方面，公众总是希望领导者品德高尚、行为端正，另一方面，大家又会怀疑，一个看似正派的领导，是否真的如表面那样。久而久之，大家会更愿意相信，一定权力地位的人物，或多或少总要涉足灰色地带。而在主角弗兰西斯身上看到的这一切，观众能够让自己生活中的压力或不良情绪得到一定的释放。

颠覆三：让你一次看个够。

实际上，《纸牌屋》最大的颠覆是在播放模式上。

传统美剧连载的播放习惯是每周播放一集。然而，Netflix根据大数据分析发现，其实很多人不喜欢在固定时刻收看电视剧，每周只播一集的形式会让人有反感情绪，甚至会造成部分用户的流失。人们偏向于将周播剧“攒起来”，在某个空闲时间一次性看好几集或者干脆一次性看完。因此，Netflix再次“顺从”大数据的导向，选择一次性播放完整的13集《纸牌屋》。

这种形式减轻了观众每周等待的焦虑心情，同时保证了剧情的结构完整和核心明确。该剧的编剧鲍尔·威利蒙曾说：“我们当然也有收视的压力，但性质不同。我们是从26集、26小时的视野出发考虑问题，不仅是一集电视剧，或者一部两个小时的电影的容量。”

虽然，一次性播完全剧使广告收入有所受损，但《纸牌屋》得到的狂热追捧证明了新型播放模式的成功。据2013年的尼尔森调查显示，有超过60%的美国人会选择一口气连续观看剧集，将近八成的美国人会使用流媒体来自行选择观看喜欢的剧集。而Netflix因为《纸牌屋》新增的用户收益已经完全追回了该剧的投资。

颠覆四：没有广告更疯狂。

按照传统的操作办法，一部影片在推出之前一定会“造势”，甚至在开播之前就启动营销计划，一直持续轰炸到上映后。然而，这样方式已经让人疲惫，市场反应也开始趋于平淡。

与传统不同的是，《纸牌屋》没有广告，只是在Netflix网站上做了推荐，却收获了意想不到的好结果。

在《纸牌屋》上映前，Netflix做了10个版本的预告片，将每个版本都根据用户之前的观影习惯推荐给不同类型的用户：如果你是凯文·史派西的粉丝，推荐给你的就是他的特辑；如果你看过许多爱情题材的影片，你看到的则是一部以男女情感为主的特辑。

为了重磅推出《纸牌屋》，Netflix又适时推出了1集免费试看的策略，在包月制的价格模式之下，吸引非订阅用户向订阅会员转变。该剧第一季推出后两周内，有10%的Netflix用户观看了全剧，其中80%的观影者给出“好”或者“超好”的评价，86%的Netflix用户表示因为《纸牌屋》不会退订。

此外，Netflix公司还以剧名“House of Cards”专门注册了推特和脸书账号，并在公司的官网上添加了链接，着力营造浓郁的社交分享氛围，让浏览者与好友能够快速分享剧情内容。同时，Netflix的官方推特也以《纸牌屋》的剧照为背景图片，除抢夺眼球之外，粉丝们也能够在此分享观片感受。

通过在社交媒体上随时随地的分享，Netflix调动了观众的活跃度，也极大地增强了观众的参与度。大批的观众开始自发为《纸牌屋》引流，通过多种自媒体渠道，发表自己的观影感受。一时间，人们感觉自己被《纸牌屋》包围了，出于社交、好奇等需求，不自觉地流入其中。

当然，《纸牌屋》也少不了舆论造势。第一季结束后不久，剧组便上线了第二季的片花，宣告了上演日期，满足观众期待的同时又成功吊起了大家的胃口。第二季上线前几天，剧组明星的专访、见面会也开始频频推出，最大程度地吸引了人们的关注。

连一向高傲的《纽约客》杂志也不吝对《纸牌屋》的溢美之词，称该剧的推出，“让数十年未曾变过的家庭娱乐模式，第一次发生了根本性的变化。”

从行业影响来看，《纸牌屋》的出现，颠覆了人们对付费流媒体的固有印象，比如，网络视频业内容缺乏、植入广告过多、剧情生硬、粗制滥造等令人诟病的问题在这部剧身上看到了改变。之后，网络视频平台如何以用户为中心设计引流策略、如何挖掘用户需求、如何提高品牌形象等等问题，都有了一个模板式的答案。

大数据引流时代来临

至今没有人知道《纸牌屋》的精确点击量，Netflix对此守口如瓶，也没有透露究竟如何分析数据，分析的重点和变量是哪些。

《纸牌屋》只是一次尝试。但不可否认的是，Netflix斥资一亿美元的“豪赌”带来了一系列连锁反应。业界人士纷纷表示，大数据浪潮来袭，世界将因此而不同。

最早提出大数据概念的全球知名咨询公司麦肯锡称：“数据，已经渗透到当今每一个行业和业务职能领域，成为重要的生产因素。人们对于海量数据的挖掘和运用，预示着新一波生产率增长和消费者盈余浪潮的到来。”

《纸牌屋》在美国播出后，被搜狐视频火速引进中国市场，中国观众对于该剧的热情丝毫不亚于美国观众。在搜狐视频，《纸牌屋》前两季的播放量分别为1.19 亿次和 1.09 亿次，排在搜狐视频所有美剧的历史播放量前十位。

相较于欧美而言，国内网络自制剧起步较晚，制作经验尚且不足，大数据的研发应用也都还在初级阶段。

尽管如此，国内网络视频的先行者们并没有裹足不前。

在冯小刚导演的《1942》上映一个月前，有机构通过对社交网络的数据进行分析，得出的结论是这部电影的票房是3.8亿左右。这个数字与当时电影界人士预期的7亿差距很大，而最终《1942》的票房3.64亿，与数据分析结果基本吻合。

电影《小时代》也是一个典型的案例。在《小时代3》上映前，出品发行方乐视影业通过搜集微博和视频网站的数据，分析显示，该电影的受众平均年龄20.3岁，其中女性观众占比80%，其中一半的人喜欢玩微博，又以郭敬明、杨幂的粉丝居多。根据对受众爱好的分析，《小时代3》增加了名牌服装的套数，将《小时代1》天台上喝醉酒的桥段保留强化。

路修对了，流量自然就来了。今后，还将有更多的电影在情节设定、挑选演员、营销和票房预测等方面利用大数据。

无论如何，《纸牌屋》已经成为全球影视业的一个里程碑，促使更多人心怀热情和希望去探索、挖掘用户数据。人们相信，大数据引流的巨大潜力不容小视。

像小米手机一样，玩转粉丝引流

2011年，一款“为发烧而生”的手机面市，成为一个引流神话：首款小米手机上市短短半天，预订量就超过30万台；2012年，小米手机2和小米手机1S同时上市，万人疯抢；2013年“双11”，小米手机在天猫商城一天卖出33万台，销量创全网第一；2014年，小米公司共销售了6112万台手机，同比增长227%。

在小米手机傲人成绩单的背后，时常充斥着“饥饿营销”“虚假销售”“期货产品”“无创新技术”等负面消息。但不可否认的是，在2011到2014年间，小米手机开启了一个粉丝营销时代，真正做到了把目光从企业转移到消费者身上，它的成功引流成为行业内的经典案例，证明了所有营销应该从消费者开始，因为消费者决定了营销的成败。

重新读懂“米粉”

“我在做手机的时候就想，能不能只做几款手机，为非常在乎性能和体验的20到30岁理工科男生做一款手机，让他们发自内心地喜欢这个东西？”小米创始人雷军曾如此说道。

登陆米聊论坛，你会发现有一群非常活跃的用户，他们很上进，也很懂手机。他们会将手机每个部件的性能分拆出来比较：CPU的性能怎样？屏幕是几寸的？电池的使用周期到底是多久？正是这群爱折腾、爱玩、黏度很高的发烧友，助推了小米这个国产手机品牌的一夜成名。

实际上，从一开始，小米做的事情就是大范围搜索、定位，力求精准地找到这群发烧友，在大数据支持下长期与他们沟通，为他们服务。很快，这群数码产品发烧友就像明星的拥趸一样有了自己的群体名称——“米粉”。

“米粉”多少岁？

数据表明，小米用户中，以25岁至30岁的人最多，占比高达41%；其次是31岁至35岁的人群，占比23.1%；19岁至24岁的用户占比20.7%；36岁至40岁的用户占8.3%；40岁以上的用户最少，仅占5.7%。这就代表着，事业刚起步的年轻人和生活逐渐稳定的“轻熟”人群是“米粉”的主力军。

“米粉”在哪儿？

百度司南的报告显示：在北京，关注小米的网民占比高达全部北京网民的7.57%。而在全国网民中，关注小米的北京网民占到5.44%。也就是说，北京网民对小米的关注度远高于全国其他地区的网民。

此外，关注小米的人多分布在东部沿海和华中地区，广州、深圳、东莞、石家庄、郑州、武汉等地较明显。而从“品牌发展指数”可以看出，小米手机的“现金牛市场”“潜力市场”“明星市场”和“弱势市场”，强大到可以覆盖葫芦岛、鸡西、石河子等地级、县级市。

从目标人群行业分布来看，制造业、IT业是小米用户重点分布的行业。而随着小米品牌的影响力不断扩大，小米产品的高性价比优势也带动了教育、科研行业用户的大幅度增长。

“米粉”喜欢什么？

调查显示，小米的用户除了关注小米，平时还爱学习、爱研究、爱默默地通过电话与人交流。比起高大上的国际品牌，小米用户更关注主流的国产品牌，奉行“只买对的，不选贵的”准则，消费态度务实、独特、重口碑、重参与。与其他网民群体对比，小米用户的上网频率要高得多。

值得一提的是，小米对不同时期的客户所关注的网页内容和节目进行了数据分析，发现在米1、米2时期，小米的大部分用户还处于事业起步期，他们急需通过求职或自我充电改善现状；在米3、红米时期，用户生活则更稳定，有更多时间休闲娱乐，发展个人爱好。

通过用户研究，小米大致描绘出了“米粉”的性格特征：爱科技、爱挑战、爱流行、重风格、轻品牌、爱自然、爱八卦、爱改变、不跟随、有主张、更专注、更极致。这些看似零碎的信息，聚合到一起之后，却为小米创造了实实在在的价值。

小米的生存之道

雷军在一次演讲中说：“如果我们不能用大数据技术转化出价值，那我们公司再撑下去就真的破产了。”这句话包含了两层含义：第一，小米拥有海量的用户数据；第二，这些数据的价值甚至关系到公司的生死存亡。

在创办小米之前，雷军有很长一段时间在泡论坛，他深谙网络论坛的门道，能够在密密麻麻的论坛信息中，找到最精华的帖子。而后来，他也为小米建立了论坛，使其成为搜索用户数据的主要阵地。

有研究报告指出，约有20%的小米论坛粉丝每周都有签到且在线时长超过20分钟；65.3%的用户每周都参与论坛互动，增加论坛的活跃度；17.5%的高粘性粉丝，多为企业头衔会员，兼具一定的管理功能，并影响其他粉丝参与互动。在小米的手机论坛上，每周都可以看到两三千篇用户反馈的帖子，其中不乏一些深度的体验报告。这些全都是客户的真实表达，是需求、问题的直接陈述，是含金量极高的大数据，也是令许多手机厂商艳羡的大数据。另外，小米公司的其他智能产品，也时刻积累着大量数据。比如，小米手环在连网状态下，可以存储用户所有的运动数据和睡眠休息数据，今后小米就能帮忙管理用户的健康和运动生活。

小米公司有个特别的规定：要求全员泡论坛、刷微博，这是极其重要的工作。小米联合创始人黎万强曾说："如果你不理解，你就把它当成工作考核"。员工泡论坛可以了解客户需求、收集产品问题，可以回复用户的意见、建议，也可以追问用户，与用户进一步沟通。

比较特别的是，小米论坛里有个小小的按钮——"我也需要这个功能"。这个不起眼的按钮，将有相近表达的人汇聚在了一起，小米员工对这个议题的回复，所有的人都能看见。在一些重要功能的确定上，小米工程师会在论坛上以投票等方式收集用户反馈，最终确定产品功能形态。在小米公司，产品大量功能的实现是小米与用户在论坛上沟通的结果，其沟通的过程就是产品形成的过程。用户的声音有人倾听，用户的意见有可能被采纳，小米着力营造的参与感就显现出来了。

目前，MIUI（小米科技旗下基于Android所开发的手机操作系统）坚持每周发布一个新版本。也就是说，用户意见只要合理，公司在一周之内就能修改发布。

小米的产品可以用一句话总结，即从价格、款式到销售渠道，一切都是用户说了算。这种用户影响企业的模式，又被称作C2B（个人对企业）。小米手机厉害的地方在于，它为用户创造了“衍生产品”——小米粉丝论坛，这不仅让小米实现了C2B的设想，还再生了一个大数据阵地。

“今天，我们的产品不仅仅是小米的心血，也是数百万‘米粉’一起贡献的作品。”雷军的这句话或许就是真相。

善用媒介，让内容拥有魔力

每个成名走红的故事背后，都必然会有一个或者多个媒介通道在发挥导流作用，这些媒介平台也捧红了一批明星人物。电视明星、网红主播、微博大V、微信自媒体人，这些红人身上都深深印刻着媒介特征。有的微博红人就做不了博客达人，因为他们写不来大长文；相反，有的博客写手成不了微博大V，因为他们写不来段子，无法在140字内讲好一段话。

而近年来，一大批依靠内容引流的写作者在微信公众号崛起。他们大多在2014年前后开通了公众号，经过不到一年时间的积累酝酿，从优秀的内容出发，扩散影响力，聚集了大批粉丝。

这些靠创造内容为生的创作者同时也是引流者，他们售卖或者免费分享自己的知识创作成果。从论坛到博客，再到微博微信，每个新媒介的兴起都会带动一批符合这个媒介气质的内容创作者，他们通过文字、图像、视频等形式，向受众输出有价值的内容，引来数以万计的追随者。

在微信公众号火爆的时代，内容引流者的地位达到了互联网经济时代的顶峰。IP火了，网红火了，独立写作者火了，种种迹象表明，受众们渴求优质的内容，也乐意分享好内容，并且愿意为之付费。这样的环境，让内容创作者们看到了希望，也开始绞尽脑汁研究如何才能利用媒体平台和优质内容进行引流。

吴晓波频道：整合资源，让媒介开口说话

从《大败局》到《激荡三十年》，这些中国企业家必读书的作者吴晓波被誉为“中国最出色的财经作家”，是众多粉丝心中的财经界男神。

从写作出版到博客专栏作家，从开辟“吴晓波频道”公众号、“吴晓波频道”爱奇艺视频节目再到推出“每天听见吴晓波”电台，甚至玩转直播和内容电商平台“美好的店”，吴晓波完成了从一个商业记者到财经作家再到明星商人的转变。

在这个人才辈出、网红频生的时代，很多人能在某种平台或者媒介上一炮而红，而像吴晓波这样，图书、视频、音频全面开花，还能玩好公众号的人，实在不多。可以说，吴晓波的自媒体系统已经建立而且将继续发酵。

让吴晓波成为引流爆款的媒介首先是图书。

1998年，吴晓波刚过而立之年，他开始了写作生涯并给自己定下了目标：每年写一本书。

2001年，《大败局》第一部出版，其被誉为第一本关于中国企业失败的MBA式教案。在那一年，中国互联网还在发展初期，人们获取知识信息的渠道非常有限，图书市场发展正盛，《大败局》一书迅速获得了市场认可。

《大败局》一书在当年一月份全国发行，到七月底时，该书已重版7次，累计印数已达15.5万册。用爆款来形容《大败局》的成

功，一点也不为过。随后，图书市场持续火爆，《大败局》销量也远超百万册，加上每年坚持出版一本书，使得吴晓波的财经作家身份得以巩固和强化。

在此之后，《大败局Ⅱ》《激荡三十年：中国企业1978–2008》《跌荡一百年：中国企业1870–1978》《浩荡两千年：中国企业公元前7世纪—1869年》《历代经济变革得失》《把生命浪费在美好的事物上》《腾讯传1998–2016：中国互联网公司进化论》等一系列图书，使吴晓波走进大众的视野，拥有了越来越多的读者粉丝。

财新记者龚瀛琦在《吴晓波：总有一代人会实现"你"们的梦想》一文中，以一个粉丝读者的口吻写道：那时（2009年左右），买了他（吴晓波）所有的书（甚至再版的都重买一遍），看过他所有的专访（包括电视节目）。

这些经典图书，花费了吴晓波大量的写作精力，也为他积累了数不清的读者粉丝。时至今日，《大败局》已出版十多年，吴晓波也在其他媒介平台上成为了红人，但很多人还是因为这本书而喜欢上吴晓波，成为了他的铁杆粉丝。

图书读者就是吴晓波引流的第一批粉丝群体。读者赞扬他的思想，认同他的观点，享受他的文字表达。而吴晓波本人，也在图书领域深耕不懈。时至今日，无论身份如何多样化，吴晓波坚持自称是一位财经作家。

让吴晓波成为引流爆款的第二个媒介渠道是微信公众号。吴晓波不是微信公众号的首批使用者，但他进入公众号之时，正是微信公众号开始集中爆发的时刻。

2014年5月，“吴晓波频道”正式运营。在这个聚焦财经事件和人物的频道上，吴晓波的流量效应达到了新的巅峰。自其开通以来，“吴晓波频道”的粉丝基本呈现稳步上升的趋势，截至2016年5月，这个以吴晓波个人影响力为主的公众号平台，在两年时间内就拥有了168万订阅粉丝，并依然保持着月同比增长10%的势头，发布的1700多篇文章获得了超过9500万次的总阅读量，《去日本买只马桶盖》《我为什么从来不炒股》等爆款文章阅读量均超过100万，在朋友圈持续疯传。对于很多公众号来说，平台开通前半年是粉丝引流的黄金时间，此后就会增长乏力，但“吴晓波频道”显然拥有与众不同的持续引流能力。

在写报纸专栏或者写书的时候，吴晓波或许有很多粉丝，也见过许多粉丝，但是他不知道他们到底有多少，他们到底是谁。而通过微信公众号平台，吴晓波与粉丝之间的连接更直接了。

吴晓波在一次活动中这样讲：“20 年时间，我眼睁睁地把报纸写垮了，把杂志写垮了，把新闻门户也写垮了……”从他玩笑的话语中，能看到吴晓波的媒介转型之路。

每一个重要媒介诞生时，吴晓波都有所关注，而且积极投身其中，使自己的文字创作与媒介渠道相适应，创造了一次次引流爆发。一个引流者，如果畏惧新媒介，不愿意改变适应媒介，就算曾经辉煌，也注定会跟随某个媒介的衰退而失势。在这个瞬息万变的媒介新时代，既要有主要的媒介阵地，也不能停滞不前，更不应害怕尝试。

2014年5月8日，吴晓波频道在爱奇艺开通了国内首档财经脱口秀节目。同一天，也是其微信公众号发布第一篇文章的日子。

两年间，吴晓波的图书、博客、公众号内容从文字变成视频，搬到屏幕上，引来了更多粉丝，尤其是年轻人的关注和支持。2016年，超过3万人订阅了爱奇艺的吴晓波频道，多期节目观看人次超过300万。

2015年5月，吴晓波的散文集《把生命浪费在美好的事情上》出版，年底，“美好的店”在吴晓波频道上推出，以“吴酒”为主打产品的商品在“美好的店”内出售。

2016年7月，吴晓波在喜马拉雅电台开通“每天听见吴晓波”订阅节目，一个月时间，收听次数就超过70万。与免费获取的视频节目和公众号文章不同的是，吴晓波的电台节目采取了付费模式，订阅用户需要付出180元的年费才能“每天听见吴晓波”。

除此之外，当直播平台在2016年集中爆发之时，吴晓波也尝试了一把，他把自己的直播首秀放在了优酷。在直播的一个半小时里，100多万网友观看了节目，而吴晓波则在视频中首次亮出了自己的杨梅小岛，用无人机从水陆空全方位带网友一览千岛湖的秀丽风光。

每个人的精力是有限的，吴晓波也是如此，虽然有专业团队运营“吴晓波频道”，但团队仍以一种媒介为主，其他媒介为辅。当吴晓波频道公众号平台开通后，团队的主要精力都放在了公众号上，而视频节目、电台和直播平台一方面是作为公众号平台的补充力量，另一方面是为了规避风险。如果有一天公众号平台势头弱了，吴晓波频道受到影响下滑，那么其他平台还能够作为增补力量跟进，甚至可能成为新的引流大通道。

各个媒介渠道相互贯通、多管齐发，使吴晓波的整个媒介系统枝繁叶茂。当一种媒介大势已去，就要勇于放弃；当一种媒介牵涉了太多精力却不见成效的时候，也要及时放弃。敢于坚持，敢于放弃，这才是运用媒介引流的理智态度。

六神磊磊：读懂一个江湖，成为引流大侠

六神磊磊，80后，本名王晓磊，曾是新华社重庆分社的时政记者。2014年，他在工作之余写公众号文章，公号名字叫“六神磊磊读金庸”，因为他喜欢读金庸小说，而且常被蚊子叮，离不开花露水。

如此随意的一个公号名字，竟然火了。目前，六神磊磊读金庸的粉丝超过50万，文章阅读量10万+是常态，爆款文章的阅读量更是超过100万。让许多做公众号内容的人羡慕的是，六神磊磊就连打广告都有人愿意付费。当他发广告的时候，粉丝们是这样说的：“加油啊，磊磊，多一点广告，少一点真诚”“花露水君既要红，又要米。我们这些石粉儿只能一边爱，一边气。”

“好文！看到一半就想转到自己朋友圈提高一下逼格”“我竟然把这篇广告文看完了”“当看到最后的广告，我一口老血喷到了

电话上”，诸如此类的留言有很多，还有更多的是，读者们受到文章的启发或者产生了共鸣之后写下的感叹。他们会与六神磊磊分享自己眼中的郭靖、黄药师、杨过是什么样子。

金庸小说的粉丝很多，比如阿里巴巴董事局主席马云，马云的花名叫做“风清扬”，取自《笑傲江湖》中的人物。在金庸笔下，风清扬是华山派剑宗的一代宗师，也是金庸小说中剑术达到最高境界的高手，毕生熟习独孤九剑。2000年，马云首次举办互联网界的“西湖论剑”论坛，就邀请了金庸到现场为大家指点迷津。

可以说，马云创立和管理阿里巴巴集团的诸多手法，都受到了金庸小说的启发，阿里巴巴就是马云打造的一个江湖。马云能在金庸小说的影响下做企业，而六神磊磊则能在金庸小说的启发下写文章。

这么多人读金庸，也有很多人能把金庸小说的细节信手拈来，但为什么只有六神磊磊能写出这些讨喜的文章呢？为什么他就能用独特的视角，幽默的风格，结合热点来解读金庸小说呢？

毋庸置疑，“六神磊磊读金庸”是一个内容引流的典型成功案例。从他的案例中，我们得到了几点有关内容引流的启示：

首先，在自己最擅长的领域写作。六神磊磊在童年的时候就开始看金庸小说的连环画和电视剧，初中的时候开始看金庸原著，第一本金庸小说看的是《神雕侠侣》，还是借的同学家的盗版书。

别人看小说，可能就看一遍，但六神磊磊看金庸小说是反复看，一遍又一遍地看。他曾说，最怕整理自己家的书柜，一旦看到金庸小说就会拿起来再读，等他读完回过头来，很多事情都耽误了。

从年龄来看，六神磊磊出生于1984年，从初中开始读金庸至今，大概有20年时间了。这些年里，金庸的几部长篇小说，他甚至都读了十几二十次。六神磊磊自己也曾表示，“在读金庸方面，我和别人相比有一些优势，可能比90%的人读金庸读得稍微多一点，感触深一点。”

也就是说，虽然读金庸的人无数，但真正读深读透的人很少。如果你在某个内容领域没有独特的、不可替代的优势，那么你很难拥有爆发和持续的流量。对此，六神磊磊总结认为，“找到自己的火山，你才会有无限的熔岩。自己真懂的东西讲出来才会生动活泼，自己越是不懂的讲出来越不行。洪七公讲降龙十八掌就可以，他真懂，你让我讲唐诗，我就可以忽悠一点点，让我讲元曲就不行了。”

可见，在当今的内容引流领域，只有比别人懂得更多，才有可能成为拔尖的那一个。

其次，六神磊磊擅长融会贯通的内容表达。很多人读金庸，就只是读故事而已，但六神磊磊却总能把当下的社会热点与金庸小说的情节相结合，将书中的江湖拉近到读者面前。

大家在六神磊磊的文章中会感觉到，原来我们置身于江湖之中，江湖并不遥远。与此同时，从金庸小说解读社会，既是对现实社会的脱离，亦是江湖情怀的一种召唤。这种若即若离，忽远忽近的距离，让读者欲罢不能。

六神磊磊的第一篇文章《教主最不虔——读〈笑傲江湖〉之一》，不到两千字的文章，把东方不败统领的日月神教抽丝剥茧，说了个遍，得出的结论是：偌大的权力金字塔里，越是高层，就越不虔诚；越往基层，信众就越多。

文章的描述和结论让人浮想联翩，有人说不明觉厉，有人说内涵太深，有人说逼格够高，总之，这篇首发文章就引发了不小的关注。后来，通过《猛人杜甫：一个小号的逆袭》《金庸、古龙、鲁迅会怎么写爸爸去哪儿》《金庸江湖里的三个宣传部长》《大人物战斗过的地方》等引流爆款文章，六神磊磊的江湖地位得以确立。

武侠小说与现实社会的结合，犀利幽默的文笔，无不透露出六神磊磊对内容融会贯通的本领。

发生疫苗问题的时候，他发表文章说“请用管我读金庸的劲头来管疫苗”，既是表达对内容被限制的不满，也是一种正义的抒发；当《爸爸去哪儿》节目很火的时候，他应景写了一篇《金庸、古龙、鲁迅会怎么写“爸爸去哪儿”》，几天内就被转了上万次；当快播CEO王欣受审的时候，六神磊磊写了一篇《请捂脸，坚持直播的勇气》，即使没有与金庸小说结合，即使点赞了国家相关部门，也仍然得到了粉丝的认可；七夕情人节前夕，他为一款手表写了一篇软文，阅读量也超过了60万；一篇《今天读到唐诗，你知有多幸运吗？》发布后，公众平台就涨粉3000多……

六神磊磊不仅是一个读金庸的大神，更是一个内容运作的大神。这里的运作，是指他能够调动自己的知识储备，并且以独特的形式重新展现在读者面前。一千位读者就有一千个金庸，显然，六神磊磊这个读者与众不同。

他在总结内容写作的经验时提及：“要珍惜读者在你页面上的时间，永远不要低估网友追求美好内容之心，如果内容不好，宁可不发，别浮上来作死。”用心、走心、诚心、接地气，如果文章能够传递给读者这样的感情，那么就算植入广告，也会得到读者的宽容和鼓励。

如果你能因为对一篇文章的标题不满意而睡不着觉，半夜起来改标题，那么相信你的读者会从文字的另一端体会到你的用心良苦；如果你能从30个广告中，拒绝29个诱惑，只选择一个自己认同的品牌，那么相信你的读者能感受到你的爱护之心。

在自媒体环境下，内容是最具个人特性的，也是最让旁人琢磨不透的，更是有可能使得客流不请自来的唯一办法。

和菜头：请流量为内容付费

和菜头出生于1975年，大学毕业那年正好赶上互联网在国内普及的势头。作为早期资深网民，和菜头混迹过金庸客栈、泡网江湖、天涯论坛、凯迪社区等论坛，写过新浪博客，名为“槽边往事”，也曾在微博和推特驻扎，并且在一个名叫《树洞》（已关闭）的公益博客项目里写作。在公众号平台，他可以一天写7000字。

据称，他性格豪爽，交友很多，嗜烟酒，打过网络论战，当过专栏作者，拍过视频节目，出过书也闭过关，还在腾讯打过工。因其行文夸张犀利，在挖苦讽刺中又不失幽默，和菜头的文章，不管是评论吐槽还是生活感悟，都能吸引人驻足观看。

在20年的网络写作生涯里，和菜头写过“老狗学不会新把戏”“拥有梦想的人不做选择题，他们只做证明题”“书籍大多数和真理无关，有的只是性格差异”“人生中总得有那么一个阶段要漫无目的地闲游浪荡”“女孩子的心是神秘莫测的，像珊瑚礁上的热带鱼群”等经典的语句和文章，他时而文艺美好，时而犀利难挡，时而温柔、时而暴戾，但往往能直戳人心，被读者们奉为“大神”。

读和菜头的文章，会跟着文字哭、随着文字笑。外界评论认为，他是一个文学功底很深的人，是个天赋异禀的写手，也是一个长篇大论的话痨。知乎网友总结称：“（和菜头）文风可以在官腔、尖酸刻薄、高端犀利、知心姐姐、卖萌、煽情、呻吟、小清新、重口味、一派胡言之间转换自如。他从来另辟蹊径，有自创词汇、句式并引领潮流的能力。对于词汇，特别是各类跨界用语的拿捏能力，得用穿越来形容。”

当然，对和菜头的描述和评论就像他写过的文章一样，有无数种。有人喜欢他，跟随他超过十年的时间；有人看不惯他，从来没看过他一篇稿子。

当微信公众号进入人们的生活，内容成为新的引流爆发点之后，和菜头做出了改变。他不再无偿提供免费内容，他开始呼吁付费订阅，他的言行代表了许多网络写手的心声，他们在互联网上写作内容，他们火了，拥有了粉丝流量，但却未得到应有的回报。

当订阅付费成为可能，自信的写作者开始改变。在“槽边往事”的公众号平台上，和菜头单篇文章的赞赏收入大多在4000元左右，赞赏最高的一篇文章收入超过32000万元。

2014年，和菜头就在“槽边往事”上尝试过付费阅读，他在《向读者收费这件事》一文中写道：“我在微信尝试了最为简单粗暴的方式，直接向读者要钱。理由是：你之所以会来，是因为觉得这里的文章有价值，为有价值的内容付费，这是天经地义的事情。”

“日活跃用户是总订阅用户的10%～20%，付费用户是日活跃用户的1.5%左右”，得出如此结论的和菜头说，数据是冰冷生硬的，靠此发家致富不大可能，但他依旧在进行大胆的尝试。

2016年6月8日，在罗辑思维的App平台上，读者需要支付199元/年，方可阅读和菜头在“得到”栏目上发布的“槽边往事”专栏文章，每周更新三次以上，该栏目的付费订阅量超过了10000份，而《槽边往事》一书在罗辑思维上的独家销量也超过50000册。

和菜头在《写在一万次订阅边上》一文中坦言，“有人说，如果我开设免费专栏，那么我的订户会是商业专栏作者的十倍；但是，如果开收费专栏，那么别人的付费订户会是我的十倍。我猜想这是真的，在通往美好明天的实用阶梯上，我这样的写作者站在最下一级。人们可能会欣赏无用之用，却是用非钱之钱。免费吸引流量，流量变为现金，互联网似乎一直都是如此的。”

不仅和菜头，还有吴晓波、李翔等内容引流者，都开始重视有价值的流量。分答、罗辑思维等平台的出现，则为这些内容引流者搭建平台，共享价值流量的红利。何为有价值？一方面，花钱购买内容的用户，是判断价值的重要标准；另一方面，付费用户虽然比免费用户数量更少，但是他们的精准度更高，对于他们的数据搜集和分析会更有效率。

以和菜头为例，是为了说明一个道理：在引流环境中，内容，曾经而且至今都被人们认为是免费的东西，但在新的引流时代，扮演着“鸡头”作用的内容不仅会继续发挥引流作用，而且将得到应有的价值认可。

豆瓣网友卢十四在名为《我读了十年和菜头》的书评中说：“和菜头喜欢把网络称作比特海，而自己是一名海上船长。海上的生活居无定所，永是漂泊。这十年来，和菜头从新浪博客到独立博客；独立博客数量从一个发展到三个，又从三个归为零；在饭否、腾讯微博，他从玩家变成工作人员；他入股牛博，又和罗永浩决裂；他在新浪微博没一句正经，动辄自删个精光；除此之外，他曾经混迹的地方还包括而不限于中青论坛、泡网、豆瓣……在这个微信时代，他开设了公众号，但谁又知道明天船会航行到哪里呢？”

借用网友的话，和菜头们建造的网络付费内容之船，谁知道明天会航行到哪里呢？

咪蒙：煮一碗“毒鸡汤”，流量嗅味而来

咪蒙，原名马凌，山东大学中文系本硕连读毕业后，于2002年始，任职于《南方都市报》，12年间，曾任专栏作者、媒体编辑，到2014年离开南都创业时，她已是首席编辑。

南都相对自由的氛围滋养了她，在读者面前，她从来都是主动举手，承认自己的“三俗”，而“可以尽情写娱乐相关话题”本身，就已经让她觉得自己“赚到了”。

2009年前后，在豆瓣、新浪微博、博客等平台上，她曾以“女人乃最大”为ID，伙同自己三个好友，一起追剧、谈明星、聊八卦，收割了一众粉丝的青睐，说她是当时“剧评八卦界头号选手”亦不为过。

她不讳言《康熙来了》对自己的影响，与小S风格异曲同工的是，咪蒙擅长“把一切正经的题材写得不正经，能在一切真善美中解读出恶趣味，能把一切高雅化成庸俗”。

基于这样的定位，2012年，她先后出版了《圣人请卸妆》、《守脑如玉》两本受欢迎的“厕所读物”。

但显然，2015年的微信公众平台，才是她真正走进大众视野的开端。“我必须承认相比微博我更适合公号，我不是段子手，我的文章是靠结构和气势下来，特别适合在朋友圈转发，适合朗诵，本身有一气呵成的感觉。”

面对“爆红”，她自信而笃定。的确，单日阅读量200万、篇篇

10万+以及大量的100万+、单篇涨粉20万、70篇吸粉百万……这些亮眼数据，在微信公众平台红利似乎已不复存在的2015年末，咪蒙用事实刷新了我们的认知。

当人们试图探究这个自称“女流氓”的流量收割机为何有如此威力时，一个更进一步的命题开始浮现：大家盲目谈论流量、流量，似乎得流量者得天下，插上扁担也能开花，可流量的本质是什么呢？

对于这点，咪蒙早有清晰认识：“任何行业就是走心。谁走心，读者爱谁。”在每一次曝光和点击的背后，都是活生生的人。而人的背后是人心、人性，是人的勇敢与怯懦，也是人的超然与焦灼。

所以，她既写自黑型《我，一个矮子的史诗》《我承认，我就是个没尊严的吃货》，也写自我激励型《看书是我治疗自卑的唯一方法》《为什么我们要这么拼》《是的，我更喜欢努力的自己》；既能写情绪化一泻千里，看起来好像自己占据了道德高地的《致贱人：我凭什么要帮你》《致Low逼：不是我太高调，而是你玻璃心》，也能写蹲下来，慢慢熬一碗鸡汤给你喝的《我不要你风光，我只要你健康》《所谓情商高，就是懂得好好说话》……

深谙人性弱点的咪蒙，用她的文字，打造了一个全方位立体化——关键是“活生生”的人。因为，只有人可以吸引人。她从不介意去触碰敏感话题，在《我的爸爸，要结婚了》里面，讲到小时候的家庭状况，讲到她尚未成熟的自我怎样学着面对生活的真实与残酷时，她写道“他曾经让我近距离观摩到人性的善变、残忍以及分裂，但是，我依然爱他。”

撕开旧创需要多大勇气？她做到了，相比无所顾忌地谈论两性关系中的纠葛、社交关系里的潜规则，这一篇，才是她最大程度的真实袒露。

有评论说咪蒙将人性中“嗔”的一面肆意放大了。面对“毒鸡汤”的质疑，她亦同样清醒：“我也是从媒体出来的，你到这么大量级的自媒体的话你是有一个责任感的，你会发现我这两天的脏话收敛了，不是因为别人骂了我，是因为我有责任感，我生活中就是骂脏话的人。还有一种原因，我想尝试我不说脏话也可以好好表达。说脏话是为了有趣，有趣是一种突破和犯规，但这个不是突破和犯规的唯一方式。”

其实，在巨大的流量背后，那些被禁锢的、循规蹈矩的神经会自动做出诚实的投票——如今的人们不再需要被敲着小黑板的老师一本正经地说教了，他们更愿意听一个大大咧咧口没遮拦的朋友唠唠嗑。就像歌里唱的“生活已经如此艰难，有些事又何必再拆穿”。

某种程度上，这个热爱王尔德的70后，拥有缪尔·乌尔曼在《年轻》里描述的那种状态——“一座无线电台”。在别人还在头疼如何和90后下属友好相处时，她已经和她的90后小伙伴，在帝都闯出了一小片天地。

从咪蒙成为引流爆款可以得到一个认识：对于以内容为商品的引流者来说，也应当遵循其他商品的营销规则，即差异化竞争，并且尽可能放大自身特色。很多做产品的人都知道这个道理，但文字的自由性使得创作者容易忽略个性化凸显。

尽管每个人都有自己的文风，但很少有创作者能够像咪蒙一样，找到自己的文字个性，并在抓到特点之后坚持放大呈现，成为独一无二的风格。有了高辨识度的文风，不管散发的是香味还是臭味，闻到味道的受众自然就来了。

一个：如何把内容作为商品引流?

2010年，韩寒创办的《独立团》杂志在第一期首发后就关停。两年后，作为《独立团》的延续和改编版，文艺阅读App“ONE·一个”面世。

推出第一天，就有20万用户下载安装了“一个”，这大大超过了韩寒预测的不到10万次的下载量。据称，版本发布不到24小时，“一个”就登上 App Store 免费排行总榜第1名。可以说，几乎仅凭韩寒的个人影响力，“一个”一出场就获得了成功，这就是以人作为引流通道的爆发力量。

当然，只靠韩寒是难以支撑起一个App的，就好像罗振宇无法一个人撑起罗辑思维一样。罗振宇找来了和菜头、李翔等大咖作者，他们评时政，讲财经；而韩寒的“一个”则从青年文学作家切入，集聚时下受欢迎的青春小说内容，讲故事给读者听。

初期，“一个”每日精挑细选，为用户带来一张图片、一句金句、一篇文章、一个问答，后来又加入了一首音乐和一部电影。很快，“一个”以极简的理念和风格吸引了越来越多的粉丝，他们很多是韩寒的粉丝，也有很多是因为平台内容而来。

韩寒对文章的要求一向是要好看、有可读性，反对无病呻吟，强调情感真实，形式少一些，实在的内容多一些。在“一个”的开篇里，发表了韩寒的《碎片》一文，他写道：“以后有更多的小说，散文，评论，我写的，你所认识的人写的，你所不知道的人写的，甚至你写的。”

正如他所言，虽然粉丝们能够在“一个”上看到偶像韩寒的作品，但他们读到更多的，是其他作家的作品。大家还惊喜地发现，原来还有那么多好看好读的故事，原来除了韩寒之外，还有很多优秀而且努力的写作者。

“一个”顺理成章地成为了一个内容引流平台，它拥有了大量其他作者的内容储备。张晓晗、方慧、张玮玮、陈谌、耀一、大冰等超过20位青年作家在“一个”平台上崛起，拥有了各自的粉丝群体，同时又为“一个”带来源源不断的流量。

在“一个”平台上，有人喜欢看每天推出的经典名句和配图，有人喜欢它推荐的那首歌，也有人喜欢看小说。这些让人拍手称赞的内容，都是精挑细选用心创作的，但都是免费的。

当“一个”App的装机量超过两千万的时候，每天的活跃用户超过百万，这样的活跃量，实在羡煞旁人。2014年，韩寒宣传电影《后会无期》，“一个”的曝光量也随之大涨。一个夏天之后，“一个”的下载量突破3000万。

也就是说，超过3000万人免费享受着“一个”的内容付出。而“一个”似乎也遵循了互联网免费共给的不成文规则，一直没有在App平台上设置付费订阅模式。与罗辑思维直接通过互联网收费不同的是，“一个”选择了把线上内容做成线下产品，再进行销售。

两年时间，陈谌、张皓宸等人气作家在“一个”上发表的超人气小说集结成了《世界上所有童话都是写给大人看的》《谢谢自己够勇敢》《南极姑娘》等图书，面向全国读者销售，几乎都创下了10万+的销量。

此外，“一个”还整编了平台上优秀作者的小说故事，策划了《一个 在这复杂世界里》《一个 和喜欢的一切在一起》《一个 我们从未陌生过》《一个 很高兴见到你》等系列作品，席卷图书市场，获得了极好的反响。

除了图书出版之外，“一个”还在上海创办了线下门店，店内商品包括限量 T 恤、抱枕、摆件、笔记本、《后会无期》纪念品等一系列周边产品，同时还展示韩寒的手稿、电影道具等珍藏品。在周年庆的时候，“一个”还办起了展览，吸引粉丝到现场参观。

从“一个”的内容引流中，可以得到两个启发：

第一，内容自身的形式是丰富的。一句话的内容，经过打造可以成为一篇文章，而一篇文章的内容经过策划可以成为一本书，只要从内容出发、围绕内容，就会有很多不同的呈现形式。

第二，在内容引流中，创作者很重要，但孵化者也同样重要。在“一个”平台上，韩寒完成了一个创作者到内容孵化者的身份转换，虽然他已经是一个超级引流爆款，但当他孵化了更多的内容创作者之后，看似退居幕后的韩寒其实拥有了更多的稳定流量。

世上大多数的商品，不会在一开始就是引流爆款。《纸牌屋》曾被多家运营商拒绝，小米手机曾遭人嘲笑，吴晓波曾经只是爱写文章的记者，六神磊磊过去也仅仅是一个金庸小说迷，而借力韩寒高人气引流的“一个”则是特殊情况。这些创造了引流爆款现象的人或者产品，其实都是从零开始的。

这些成功案例的细节虽然各有不同，但却有着一个共同点，那就是长期的积累。Netflix花费十几年的时间，完成从草根到科技高富帅的转变，吴晓波二十年笔耕不辍，六神磊磊读过几十遍金庸，“一个”的创始人韩寒也在江湖已久。如果没有坚持长期的积累，从零到一的突破也几乎是不可能的。

| 第二章 |

引流究竟是什么？

随着互联网经济的发展，“流量”这个词语已经被人们所熟知。一开始，流量仅指网站流量，代表了网站的访问量。访问量越大就代表网站流量越大、用户数量越多、使用率越高、受欢迎程度越高。在英文表达中，引流被称为“get traffic”，即“获取流量”，其中“traffic”一词，专指网络流量。

发展至今，流量的含义得到延伸，它不再只是用以描述网站访问量的冰冷数据，更是指数据背后灵活流动的客流，以及伴随客流而来的现金流；流量一词的使用从互联网行业扩大至各行各业，传统的门店也开始习惯用流量的大小来描述经营的优劣程度。

最初，网站的运营者也不知道到哪里去获取流量，多数只能干巴巴地等着用户来点击，等着流量自己来。而现在，不管是网站还是传统门店，商家们都不再坐等流量，而是想办法引入流量。比如，一些公司专门做网站引流业务，为有需求的网站导流。

“引流”一词产生于互联网时代，正因如此，它是传统广告营销的升级，具备了许多新特质。它是商家和顾客之间的双向传播活动，既指商家为吸引顾客消费而采取的一些方式方法，也代表了消费者主动“流”向商家的一种行为。在客流、现金流的流动过程中，生意得以完成。另外，我们强调的引流，是那些能够转化为购买的流量，而不是无效流量。

引流的来龙去脉

引流古已有之

商朝末年，有一个姓姜的人，他居住在商朝的首都朝歌（今河南省汤阴县），干过宰牛卖肉的屠夫，也开过酒铺。

楚国诗人屈原在《楚辞·天问》中写道：“师望在肆，昌何识？鼓刀扬声后何喜？”这句话说的就是这位姓姜的商贩，说他在铺子里卖肉的时候，有意把刀剁得叮当响，并高声吆喝，招揽顾客。

当这个商贩活到72岁的某一天，他带着一个直的鱼钩到渭水的支流磻溪边上去钓鱼。这时候，周文王在江边与这个头发花白的老头偶遇了。周文王看到老人用的鱼钩离水面有三尺高，而且鱼钩是直的，没有挂鱼饵，他感到很是好奇，觉得碰到了一位奇人，于是和老人攀谈起来。

两人越聊越投机，最终周文王封这个老商贩为国相，总管全国政治和军事。说到这里，大家都知道了，这讲的是姜太公的故事。

从卖肉吆喝到直钩钓鱼，姜太公做了同一件事——引流。剁刀宰肉、大声吆喝引来了街坊顾客；而用直的鱼钩江边钓鱼则引来了“大鱼”周文王。

姜太公在恰当的时间以恰当的方式出现在河边，成功吸引了周文王的驻足攀谈，在千年后的今天，这件事仍然让人们赞叹不已，现代人更是称姜太公为“古代营销第一人”。

像姜太公卖肉那样的叫卖行为，其实是比较初级的引流形式。在很长一段时间内，简单的叫卖是商人们惯用的引流手段之一，很多店小二就肩负着叫卖的任务。另外，像灯笼、旗帜、招牌等，也逐渐被商贩用以招揽客人。

而姜太公钓鱼，则属于更高级的场景引流模式。如果要追溯历史，相信姜太公并不是第一位懂得引流的古人。从古至今，对于商贩来说，引流几乎是一种天生的本领，差别在于，有的人引流效果好，而有的人引流效果并不好。

引流是一种传播过程

很多时候，引流的手段会让人更多地联想到营销和广告。而实际上，引流与广告、营销存在着不同，但它们之间又存在一定的联系。可以说，引流是由广告和营销发展而来的，却与两者有着不同的特性。

说起引流的“前身”，就不得不谈到广告和营销，而广告营销的发展，则是随着技术的进步而变化的。

北宋时期，毕昇发明印刷术之后，济南地区有一家名叫刘家针铺的小店，这家店有一块广告铜板，上面印制了店名、商品质地和销售办法，是迄今为止被发现的世界上最早的印刷广告物。

随着印刷技术和纸张的普及，报纸成为商家常用的广告媒介。

此后，新的媒介不断出现，广告形式也在不断丰富增加。到20世纪20年代，广播、电视相继诞生，给了广告更大的发展空间。

最重要的是，在这个时期传播学研究受到人们的重视，很多重要理论得到发展与突破。如今，这些经典理论，能为引流所用，也是引流的理论根本所在。可以说，引流的整个过程就是一个传播的过程，传播是引流的本质。

传播学发展初期，研究者提出了“子弹论”概念，意即信息发送者的信息通过媒介传递给接收者后，接收者就像被子弹击中躯体、药剂注入皮肤一样，产生快速而直接的反应。

这个理论认为，信息发送者和媒介有着强大的作用，能够左右接收者的态度和意见，甚至支配他们的行动。依照这个理论，所有广告接收者都会听从发布者的信息。比如，商家发布广告呼唤大家购买产品，那么受众接受信息后，就会做出购买的行动。

与“子弹论”相应的营销模式则是著名的AIDA模型，这两个模式的前提，都是假定人们受到信息刺激后会有反射反应。AIDA的四个字母分别代表注意力（Awareness）、兴趣（Interest）、欲望（Desire）、行动（Action）。进一步解释为，企业发布的信息会引起消费者的注意力，使其产生兴趣，激发购买欲望，并做出购买行为。

可以看出，上述两者都是单线的传播流程，消费者只能听到来自信息发布者的声音，却不能主动发出声音。在这两种模式中，企业不断发送广告信息，却忽略了消费者的想法，更一厢情愿地以为消费者会按照信息引导而采取行动。当然，现实里，消费者不是傻子，不可能被广告者牵着鼻子走，而且传播过程中会出现很多的干扰因素，以致信息发布者和接收者之间出现理解误差。这两种过于简单的理论并不适用于现实的广告营销，很快被学界否定了。

以上观点或者论述，都只讲了一个字——引。企业或者广告主发出诱饵，引导消费者决定购买。从整个过程来看，企业或者广告主扮演了最重要的主体角色。

一直到1954年，美国传播学家威尔伯·L. 施拉姆在《传播是怎样运行的》一文中提出了传播的循环模式。在循环模式理论中，传播双方都是传播行为的主体，通过信息传递相互联系并相互作用。

施拉姆认为，传统的信息接收者在接收信息之后会对信息重新理解，产生新的讯息，而这个新的讯息有可能与发布者的意愿相吻合，也有可能偏离发布者的引导轨道。

因此，在循环模式中，信息接收者的作用得以被重视，消费者反馈成为了新的关注点。很多人恍然大悟，他们终于明白发布了一堆广告消息却少有人问津的原因。原来消费者有自己的一套信息接收和理解机制，他们会根据自己对信息的理解，做出选择。

这时，传播过程中的“流”就出现了。什么是“流”？“流”就是消费者走向商品的过程。当然，在“流”这个环节，消费者是行动主体，主动权掌握在消费者手里。

用“引”吸“流”

当消费者掌握主动权的时候，广告主怎么办呢？他们只有不断加大信息的诱惑力，想更多的办法去吸引顾客的注意力，激发顾客的兴趣，使其产生购买欲望，最终达成刺激购买的目的。随处可见的广告就是由此而来的。

也就是说，广告主不断地加大“引”的力度，去力求带来更大的“流”。

似乎除了这样做，也没有更好的办法了。于是，我们看到，虽然传播学出现了对“流”这个过程的研究，但广告营销领域却没有及时跟进对“流”的重视。自大的广告主们，仍然以糖衣炮弹或者火箭大炮，攻击着消费者的城墙。

时间如梭，又是几十年过去了。企业不断高喊着营销口号，变着花样打广告，拼创意拼投入，但却一直在重复做同一件事情——“引”。

不管广告的内容或形式多么新颖美观，广告主们的角色都和几千年前的姜太公卖肉一样，为了引起消费者的注意、兴趣、欲望，最终达成商品销售的目的。

所以，在漫长的时光里，广告营销备受瞩目，“引流”这个概念并没有得到足够的重视。或者说，由于消费者群体太大，个体差异太大，变量太多，以至专家学者在“流”的研究中遇到了重重阻碍，难以摸清“流”的传播过程。

而对于广告营销而言，搞懂消费者实在是一件不可能完成的事情，所以很多企业选择放弃了解消费者，或者仅凭想象去圈定目标消费者。

当然，也有越来越多的企业开始意识到消费者的重要性，他们为消费者提供更好的服务，打造更好的消费环境，增设客服部门以听取消费者建议，诸如此类投其所好的举措都是为了吸引消费者购买其产品。

实际上，这些从企业自身出发，针对消费者进行的调查和改变都显得过于单薄无力。尽管如此，在消费者和企业之间的沟通屏障尚未完全消失之前，双方并没有产生太大的矛盾。

因此，商业市场仍然遵循着企业通过媒介发布信息，消费者接收信息的模式。

值得一提的是，虽然引流方式没有变化，但在广告企业的努力下，营销传播的媒介越来越丰富了，除了传统的传单、报纸、广播、电视、电话、杂志出版物之外，户外广告媒介队伍得到了扩充，比如车载广告、站牌广告、墙上的涂鸦广告、体育场围栏广告等等。可以说，营销者利用了所有看得到、听得到或者摸得到的介质去传递广告信息。

随着商业市场的成熟，广告市场的竞争也越来越激烈，企业营销形式也在创新中不断丰富。比如，活动赞助、电话直销、现场促销、贸易展会等营销形式都被企业挖掘出来，成为营销的新形式。

不仅如此，随着营销媒介和形式的丰富，营销内容也升级了。营销者发现，单凭低价或者优质已经无法完全吸引消费者的注意了，于是他们开始实施“攻心计”，用产品价值、企业文化去引发消费者的情感共鸣。

这时，企业引导消费者的目的并不仅限于达成购买，而是获得消费者对品牌的认同，从而更愉悦地完成交易。

于是，品牌概念成为了新的关注点。企业们争相学习如何向消费者传递品牌理念，学着和消费者做朋友，伺机俘获他们的芳心。

在这一阶段，从可口可乐广告语的变化中，可以窥见企业营销策略的一些变化。1953年，可口可乐公司投资拍摄了第一部实拍的动态短片，当时这部新颖的视频广告引起了消费者的关注。不过，短片里出现的“Time for Coke”（可乐时光）、“Basketball and flying Coca-Coca bottles”（篮球和可乐飞瓶）等广告语都是比较直接的产品表述，并没有传递精神思想。

十年后，带着走进消费者内心的愿望，可口可乐提出了“Things Go Better with Coke”（心旷神怡，万事胜意）这样一句广告语，第一次向消费者传递了企业价值和文化。

此后，可口可乐利用平面、视频、音乐、包装瓶等不同媒介向消费者传递了许多与价值理念相关的广告信息，由此收获了大量的粉丝。

但实际上，引发消费者共鸣的价值理念背后还是隐藏着一颗销售的心。不管广告语多么美，企业的心多么真诚，他们仍然是为了更大的市场规模和更漂亮的营销数据，才为消费者创造了更美的环境，才选择和消费者交朋友的。

聪明且敏锐的营销者早就意识到了，简单的刺激已经无法满足消费者的需求，消费者需要更多。因此，企业营销者一直费尽心机推出更高级的营销形式和内容，从直接刺激消费转向渗入式营销，从刺激消费者感知到麻痹消费者意识，使得购买行动在不知不觉中完成，并且不断重复。

可是，无论营销者如何努力，他们与消费者之间仍然有一层隔膜。慢慢地，消费者甚至对营销者的讨好感到厌恶，下意识地排斥营销信息的侵入，变聪明了的消费者让营销者再次感到无所适从。

引和流的博弈

引而不来的窘境

人类社会的每次重大变化都是由科技带来的。

18世纪60年代，珍妮纺纱机的发明开启了第一次工业革命。直到19世纪上半期，工厂机器才代替了手工劳作，解放了人力，至此第一次工业革命完成。

19世纪末到20世纪初，人类经历了以内燃机发明为主要标志的第二次工业革命。在这次变革中，电力得到广泛应用，人类进入了电气时代。

20世纪四五十年代至21世纪，爆发了以原子能、电子计算机、空间技术和生物工程的发明，以及以应用为主要标志的第三次工业革命。由于此次技术革命以科学技术改革为主，因此人们又称其为“第三次科技革命”。

在2013年汉诺威工业博览会上，工业4.0被首次提出，寓意着人类将迎来以生产高度数字化、网络化、机器自组织为标志的第四次工业革命。这一阶段，大数据、云计算、移动互联网等新技术将带来新一轮颠覆。

科技的进步影响了人类的生产和生活方式，带来了社会结构和经济水平的变化，也改变了人类的思想行为。那么，在一轮又一轮的工业革命中，营销又受到了怎样的影响?

我们可以看到，随着第三次科技革命中计算机的问世和互联网的广泛应用，企业营销发生了巨大的变化。

首先，最显著的变化是，电脑和移动手机等新媒介拓宽了营销媒介渠道。企业不仅可以在传统的报纸、电视、广播上打广告，还能在电脑和手机上发布营销内容。

其次，营销形式也成倍地扩展，网络视频、网页、微博、微信等多种营销形式，为营销者开辟了新的广告天地。

然而，营销者们发现，他们使尽浑身解数用了不同的媒介、形式和内容去吸引消费者，但却越来越吃力不讨好。他们原本以为营销的主动权掌握在自己手里，但不知何时，他们的权利越来越分散，越来越看不清消费者。

一家企业花了大价钱建一个网站，或者研发一款App，最终却鲜有人知，这样的失败案例随处可见。是的，消费者变多了，也更容易接触了，营销者可以在微博、QQ、微信上同时和多个顾客聊天。

这时候，常年扮演着引导角色的营销者明显感到顾客流量的势力越来越强大，他们知道顾客就在那里，而且非常清楚，也非常近，但不知为何，顾客就是招引不来。他们推送成千上万条信息给顾客，千方百计、不厌其烦地引导顾客，顾客就像看不到听不到似的，始终无动于衷，更别说产生购买的兴趣和欲望了。

营销者开始感到恐慌沮丧，感到力不从心。他们不得不承认，一呼即应的消费时代早已一去不复返。媒介的发达给人们带来便利的同时，也引发了他们的困扰。

如何面对激烈竞争中不断攀升的营销成本？如何在新的科技革命中做一个强者？如何吸引消费者购买？这些是所有企业一直最关心的问题，只是如今这些问题变得尤其紧迫，亟待解答。

引流是双向传播过程

如果再回头梳理一下传播的流程，可以发现，广告主对信息发布的研究已经几乎完美，对消费者接收方面的研究也做到了竭尽所能。

如何使用媒介发布广告？如何撰写广告文案？如何赞助一次体育赛事？广告主对这些问题了然于心，他们甚至理解为什么消费者不会招之即来的道理，也对消费者心理有十分透彻的研究。

那么，为什么营销还是那么难？在信息传播的过程中，是否还有什么漏掉的环节？

其实，答案已经呼之欲出：缺乏以消费者为主体的传播研究，也就是对“流”的研究。从静态来看，“流”是指客流；而从动态来看，“流”代表着客流的流动过程。

值得提出的是，随着客流而来的，是更加要命的现金流。由于现金流是随客流而来，那么对客流重视，也就是对现金流重视。这样一来，企业就更容易认可客流的重要性了。

不可否认，企业对消费者的研究已有时日，他们高呼着做消费者最贴心的朋友，在第一时间解决顾客的问题，但实际上呢，他们并没有真正投入时间和金钱去了解消费者。或者说，除了一厢情愿地付出，给予消费者自认为最好的东西之外，企业很少询问消费者到底要什么。

可以理解的是，企业主动开口询问的确是一件很难的事情。那么多的消费者，到底问谁？怎么问？问什么？收到答复之后怎么做？这一连串的问题，就像一座座高山，让人难以前行。

因此，在长久的时间里，人们只对引导做了研究，却未能深入了解客流的过程。通常情况是，企业（尤其是初创企业）会根据经验圈定目标消费者，对他们的喜好进行大概了解，然后实施营销计划。

直到互联网大数据技术日趋成熟之后，对客流过程的研究才有了突破。互联网的出现，打通了企业与消费者之间的沟通屏障，双方不仅沟通方便，而且成本极低。尤其在电商出现后，商家不用开口问，就能够极其方便地跟踪并记录消费者的购买行为，知道消费者的购买偏好。

在搜集到足够量的消费者信息后，企业能够针对消费者的爱好为其推荐商品，或者根据消费者个人需求定制产品。在新时代，企业追求的是消费者爱什么，企业就能给什么。

但是，消费者们常常不知道自己到底爱什么。因此，代替消费者了解消费者需求，摸清消费者流向，成为了企业营销的新课题。

至此，引流与广告营销之间的异同已经非常清楚了。广告营销是企业主单方面的信息传播，而引流是买卖双方完成的传播过程。这个概念强调的是买卖双方的信息交换和流通，偏向于任何一方都无法使引流发挥出最佳效果。

引流与广告营销最大的不同是，广告营销侧重于营销者发出信息引导顾客，而引流则更重视顾客流向企业的过程。引流这个词语，虽然“引”字在前，但“引”却受着“流”在身后的牵制。也就是说，广告营销是从企业自身出发去设计消费者策略，而引流则是从消费者出发去引导消费者。

碎片化的引流新时代

引流产生于互联网新时代，它的身上有着明显的互联网印记。

一方面，互联网的弊端对引流产生了影响，分散的媒介阻碍了引流的集中性和爆发力度。一竿子打中的引流效果，似乎已经成为历史，也越来越难实现。

另一方面，互联网的优势又不断作用于引流，人们利用互联网工具，通过大数据的积累分析，打开了一扇引流的大门。在引流的新时代，优势和劣势共存，而且特征凸显，所以，认清优劣环境，才有可能在引流的过程中取胜。

当互联网普及后，一个新的市场被打开，它的宽度、广度丝毫不亚于传统市场，甚至让人觉得无边无界。此时，媒介有了能够肆意生长的土壤，同时，越来越多的信息填充进这些新生的媒介之中，传递给不同的消费者群体。

人们原本以为，媒介渠道增多了，客流也会越来越多。然而事实却是，碎片化的媒介把信息分散到了不同的渠道中去，渠道能力逐渐变弱，信息精准到达目标消费者的难度越来越大。

在此之前，消费者只会从固定的几个渠道获取信息，而如今的媒介渠道多得数不清，消费者可能从其中一个渠道流向商家，或者随时从一个新的地方冒出来。

很多时候，消费者自己也不知道他们从哪个媒介获取了商品信息并决定购买。一个消费者可能是看到了电视广告而决定购买，也可能是在看了电视广告后，又搜索了百度、淘宝、京东等网站之后选择了网购。

在互联网渠道打通之前，商家或许不知道消费者是谁，但却清楚地知道消费者会从哪条路来。因为，在媒介种类极少的时代，消费者获取信息的渠道无非就是报纸、电视、广播、传单或店牌。

而互联网渠道打通之后，尤其是移动互联网迅速发展后，商家和消费者之间的蒙蒙雾气逐渐散开，你看得到我，我看得到你。但是，联通彼此的路却变得复杂，或者某一条路能够直达，或者要几条路合并才能到达。

事实就是，看得清并不等于引得来。商家不知道消费者会从哪条路来，也就不知道到哪条路上去迎客。或者有的时候，商家想要修一条路，但搭了一半，路就断了。

或许，世界上最远的距离，就是你站在我面前，我却不知道如何让你走过来。这种这么近又那么远的距离，让商家们焦急不已。

有的商人很乐观，他们看着面前那么多的顾客，觉得欣喜不已。市场那么大，难道还容不下我的一块发财之地吗？他们只管搭个棚子，坐等顾客上门，然而进门的顾客少之又少，最终只好关门停业。

从前顾客们选择一家餐馆，往往是走到街上去，看到哪家店人多就会基本判定这家店口味不错。但现在不同了，吃客们到了一个地方，首先是打开大众点评App浏览网上的推荐，点开页面图片，看看其他客人写的评价，好评多的店自然味道不错。

这时候，我们会看到，两家相邻的餐馆，一家排着长队，一家无人问津。如果你能做个小调查，就会发现，那些排队的顾客大多是看到了网上推荐而来，而另一家店在线上或许都找不到。

有的人很悲观，他们面对一条又一条复杂的引流渠道，心里很是犯难，觉得想要把消费者引过来，简直是天方夜谭。他们或许做过尝试，但却效果不佳，以至于仅有的热情和希望都被无助和失望浇灭了。

只有那些乐观而又善于搭路引流的人，才有可能真正地拨开云雾见月明。而这样的人，必定是能够在新的时代里，从旧的答案中发掘新答案之人。

回到姜太公钓鱼的故事。试想，如果姜太公不知道周文王求才若渴，也不知道周文王喜欢奇才，那么他就不会想出直钩钓鱼的法子。如果他没有去了解周文王当天的行程，就算在江边钓十年的鱼，也不可能当上国相。但在几千年后，随着碎片化时代的来临，姜太公用以引流的思路和办法或许已经不再适用。

了解一个消费者或许很容易，但了解一群消费者却是难事。如果你是企业管理者，你可以不用具备调研消费者的操作能力，但你一定要保持了解消费者的欲望；如果你是一名营销人员，那么在制定营销策略之前，请务必尽可能地认清你的营销对象。

第三章

重新读懂消费者

我国国家标准局在1985年6月29日颁布的《消费品使用说明总则》中指出，“消费者是指为满足个人或家庭的生活需要而购买、使用商品或服务的个体社会成员。”

《牛津法律大辞典》则解释，“消费者是指那些购买、取得和使用各类物品和服务（包括住房）的个人。”

英国的《消费者信用法》（1974年）规定，消费者是指“非因自己经营业务而接受由供货商在日常营业中向他或要求为他提供商品或劳务的个人”。

华为创始人任正非把“以客户为中心”作为华为文化的核心价值观，为客户创造价值是一个企业存在的理由，如果有一天，企业无法为客户创造价值了，那么也就到了它退出的时候。华为在三十年的发展过程中坚守的这一观念，帮助华为走过了许多艰难路程。

在新的互联网全球化时代，在消费者群体变得更复杂的同时，也有很多新的方式提供给企业进行更深入的研究。消费者是引流最重要的一环，是引流实施的第一主体，也是最难攻破的难题，因此，在正式讲述如何引流时，第一步骤就是要读懂消费者。

给消费者做个分类

原有顾客与新顾客

顾名思义，原有顾客就是曾经购买产品一次或以上的消费者。在著名的“二八法则”中，公司80%的利润是由20%的客户创造的，而原有顾客就是这带来最大利润的20%的客户。

此外，美国《哈佛商业杂志》发表的一篇研究报告还指出：多次光顾的顾客比初次登门的人可为企业多带来20%～85%的利润。对于企业来说，与老客户建立持续关系有四大目的，一是保持其对原产品或服务的消费水平；二是引导他们更频繁地消费原产品或服务；三是为他们创造新的产品或消费；四是记录和分析他们的消费行为。

值得一提的是，考虑到搜集消费者数据这一目的，重复购买产品的顾客稳定性更强，特征更明显，因此他们的消费数据研究价值更大，也更具代表性。

另一方面，没有新顾客的企业是无法在市场中长久生存的。新顾客分为两种类型，一种是没有使用过类似产品或服务的消费者；另一种是使用过对手公司相似产品或服务的消费者。这两种群体，都是企业想要招揽的新顾客。

企业很清楚，老顾客的需求迟早会变，产品或服务随时都有可能处于被抛弃的境地之中。正因为有新顾客的补给，企业才能较为坦然地理性面对老顾客的流失。尤其对于初创公司来说，面对的所有顾客都是新顾客，其发展的第一要旨就是尽可能多的获取新顾客。

新顾客的争夺往往是疯狂而残酷的。2014年和2015年，中国O2O市场就掀起了一轮又一轮激烈的新客户争夺战。滴滴打车与快的打车、美团网与大众点评网、携程网与去哪儿网等等，这些新生的O2O企业为了争夺新客户、抢占最大规模市场，耗费了巨大的财力和物力。一轮轮的“补贴大战”、“价格大战”，至今历历在目。

对于这些企业来说，他们的目的是以最快速度夺取新客户，并且不断刺激新客户重复使用，培养他们新的消费习惯，从而让他们成为企业的老顾客。谁能最快拥有最大量的客户，谁就能成为市场的老大。

在争夺新客户的战场上，永远都是刀剑相争。

细分消费者是了解消费者的第一步

1956年，美国市场学家温德尔·史密斯（Wendell R. Smith）首先提出市场细分概念。营销者通过市场调研，依据消费者个体特征、需求、购买行为和购买习惯等方面的差异，把某一产品的目标市场整体划分为若干消费者群的市场分类。

如其概念所言，市场细分概念里的市场指的就是消费者，对市场的细分就是对消费者群体的细分。

为什么要细分消费者群体？一方面，消费者群体庞大，企业需要用一定的方式锁定目标消费者，那么，给不同的群体贴上不同的标签，不失为筛选顾客的好办法；另一方面，随着商品市场发展越来越成熟，消费者的个性特征愈加明显，这既是细分市场的原因，也是其条件。

市场细分刚兴起的时候，企业还没有具备深入了解消费者行为的能力，因此他们只能根据宽泛的条件来细分消费者。其中，按人口特征划分是比较容易落实的细分办法。

企业通过消费者年龄、性别、家庭规模、宗教信仰等信息，界定自己的目标群体。比如，一家企业可能将消费者细分为“80后女性”“30岁以上未婚女性”“40岁以上男性”等多个不同板块。

与人口特征类似，消费者所处的地理位置、社会经济地位（年平均收入水平、教育程度等）都可以作为宽泛的细分条件。

比如，营销者可以将消费者细分为“大学女生”“农村未婚男性”“年收入10万至20万，年龄24岁至35岁的女性”等，然后根据细分群体的群体特征去设计生产或者营销产品。

宽泛的细分方式相较于直接面向全部消费者来说会稍微精准一些，但距离精准定位消费者还有一大段距离，其效果也会大打折扣。

试想，两位女大学生，就算她们年龄相仿，但恰巧喜欢同一类产品的可能性也不会太大。如果企业用同样的产品去吸引女大学生，其命中率也不可能是百分之一百，甚至连百分之五十都不一定会达成。

精准度的问题逼迫着企业想出更多的条件去细分消费者群体。于是，消费者心理和行动特征成了细分市场的更高级的条件。

从消费者心理方面划分，营销者根据消费者的消费态度、价值观、购买喜好、个性特点等因素进行群体分类；而在消费者行为方面，营销者根据消费者的购买频率、支付方式、购买地点等因素进行分类。

目前，市场营销者能够通过多种方式，搜集到消费者更具体、更详尽、更丰富的信息，在这些信息的组合和引导下，营销者更精准地确定了目标消费者，并为其制定专有的引流方案。

一份关于德芙巧克力的消费者细分调查显示，按人口条件细分，年轻女性购买巧克力的倾向较为明显，儿童也在巧克力消费群中占据重要地位。15岁至24岁的人群倾向于为自身消费，35岁以上的消费者多数是为孩子购买。按消费者心理细分，在中国市场，有一半以上的巧克力是作为礼品被消费的。

于是，综合消费者细分信息，德芙巧克力推出了牛奶味巧克力、黑巧克力、果仁巧克力等五种新口味的产品，满足不同年龄层次不同的口味需求的消费者。此外，该品牌推出高端礼品系列产品、家庭系列产品，以满足不同消费目的的顾客。

有的企业不对消费者进行细分，采取广撒网的形式进行宣传推广活动，花了很大功夫，效果却很一般。当一家企业还没有用户的时候，营销者应当做的就是尽可能宽泛地划分出目标消费者，然后再去一一接触，最终细分出不同的消费者群体，再进行深度了解和维护。

成都PinKinLAB摄影工作室成立于2015年，主要业务是证件照（个人证件照、结婚照、护照照片等）和形象照拍摄。成立之初，他们在一栋酒店式公寓里办公。很快，上门拍照的客户们反应，这个地点非常难找，而且交通不便。于是，PinKinLAB关掉第一家店，把第二个店址确定在了地铁站旁边。然而，虽然交通方便了，客流还是很少。

PinKinLAB创始人在分析后发现，原来是对客户的定位出了问题。按最初设想，他们以为在市中心一带能够覆盖更多的人群。但事实证明，到店拍摄的顾客中，50%以上是大学生群体。

既然如此，为什么不把店开到学校附近呢？结合成本等因素的综合考虑，PinKinLAB将第三个地址选在了成都温江大学城附近，那里有西南财经大学、四川农业大学等学校。开业之前，他们通过“西财结”等公众号进行推广宣传，在开店当日，就有上百位学生参加店铺活动。

PinKinLAB在两年时间换了三个地址，最终以客户为中心选对了地方，这是他们不断尝试、不断创新的结果。而有的企业为了省事，不去思考消费者细分，最后迷失在茫茫人海里，被人群淹没。如果你只是感觉到有很多消费者，却说不出消费者的特征，描述不出来他们是谁，那就说明其实你并没有真正拥有消费者。

消费者变了

从生产者到消费者的主体转变

在传统的观念里，商家引流的目的无非是为了招揽顾客做生意，满足顾客需求，又或者是为了服务于品牌推广。而在新时代，商家引流也是为了消费者，更是为了自身发展，但老目标有了新的变化。

在以广告发布者为主体的20世纪60年代，美国营销学学者麦卡锡教授提出了著名的4P营销学概念，这个重要的营销学概念风靡了半个世纪。

4P营销学注重营销策略和手段，是由产品（Product）、价格（Price）、渠道（Place）、促销（Promotion）四个单词的第一个字母的缩写组合而成。

也就是说，在传统营销中，产品、价格、渠道、促销是最重要的4个环节。企业应当为消费者创造最好的产品，最合理的价格，打通销售渠道，以及举办促销活动。

之后，4P概念又不断丰富，加入了人（People）、包装（Packaging）、政治（Politics）、公共关系（Publications）、研究（Probing）、划分（Partitioning）、定位（Positioning）等新元素，持续影响着人们的营销理念。

就算营销理论不断更新换代，把产品放在第一位的4P理论仍然占有重要的席位，激发了很多企业为制造出最优质的产品而奋斗。

当然，商品市场的变化非常迅速。随着消费者的个性化特征越来越明显，营销理论也发生了新的变化。20世纪90年代，美国营销学者劳特朋教授提出了全新的4C营销理论，4C分别代表消费者（Consumer）、成本（Cost）、便利（Convenience）和沟通（Communication）。

很明显，这个理论是围绕消费者提出的，也宣告着以消费者为中心的时代来临。在这之后的一二十年里，商家就像一个莽撞的追求者，在消费者面前打转，迫切地想要知道消费者在想什么。

由此，每个企业都要力求做到如下要求：首先把追求顾客满意度放在第一位，其次是努力降低顾客的购买成本，同时，产品和服务在研发时就要考虑客户的购买力，然后要充分注意顾客购买的便利性，而不是从企业的角度来决定销售渠道策略，最后还应以消费者为中心实施有效的营销沟通。

我们可以看到，4C理论其实是在4P理论的基础上，在每个环节植入消费者概念，从产品、价格、渠道、促销演变成了消费者、成本、便利和沟通。从根本上来说，4C理论的践行者仍然是以商家为主，但要求商家转变思维和方式，多为消费者考虑。

于是，在商家们真正有能力了解消费者内心之前，他们就只能靠经验去猜测，甚至是凭空想象消费者会需要什么，喜欢什么，想要知道什么。

这样的做法让商家深感疲惫。既然消费者不会主动告诉商家他们的喜好，那么商家们只好主动迈出一步，通过消费者问卷调查等方式直接询问顾客的想法和感受。

直到互联网数据革命来袭，商家搜集到的一大摞客户资料才慢慢开始发挥其巨大的作用。与此同时，商家也开始有能力和机会去真正接触消费者、了解消费者。

人们惊奇地发现，有了消费者数据分析，在碎片化时代拥有相对集中的客流是可以做到的。在此之前，商家引流是为了宣传品牌价值、促销产品或者是为了和消费者做知心朋友。而在碎片化时代，商家引流是为了搜集客户数据并加以科学的分析。

因此，引流不再仅仅是为了获取客流、销售量，或者说是为了应对激烈的市场竞争。在碎片化时代，引流更多的是为了搜集客户数据。

也可以说，客户数据就是商家与消费者之间的道路，它们从引流中来，又将到引流中去。

抢夺消费者大数据

2011年到2014年间，大数据概念快速兴起，并且进入白热化发展阶段。在大数据引导下，关于消费者数据的研究也不断有新的突破，在信息搜集、储存、分析、应用等方面，人们取得了不小的成果。

目前，有不少大数据专业公司能够为企业提供数据服务，帮助企业完成信息搜集、储存、分析、应用等各个步骤。比如，美国 GoodData数据公司就为商业客户和IT企业高管提供客户数据存储、分析等工具，这家公司有数千个企业客户，包括了Groupon、Zendesk和Mint.com等。

有的数据公司专门针对某个媒介渠道提供数据服务，比如美国DataSift公司，主要业务是搜集分析社交网络媒体数据，帮助公司掌握突发新闻的舆论点，并制定有针对性的营销方案。

TellApart公司则选择与电商企业合作，根据电商用户的浏览行为等数据进行分析，从而通过锁定潜在买家的方式提高电商企业的收入。

当然，中国国内也有专业的大数据服务公司。比如，上海宏路数据公司就为尼尔森、艾瑞咨询、新浪网、凤凰网、通用电气、通用汽车、平安金融、久游网等众多知名企业提供大数据应用服务。

此外，华为、阿里巴巴、百度、腾讯、中兴通讯等大公司也建立了自己的大数据库，服务于自身需求的同时也为其他公司提供价值服务。

目前，阿里巴巴、天猫、淘宝、支付宝、阿里金融产生的数据构成了个人、企业、商品和金融之间的完整数据链，这些数据能够让阿里巴巴提供更精准、高效的服务，而这些数据同时也能够给阿里巴巴带来不菲的收入。

据悉，很多天猫和淘宝的卖家都购买了数据魔方、量子衡道等基于大数据的增值服务。

如果说阿里仍争分夺秒地抢“数据”，那么作为搜索行业老大，百度更是提早布局。几年前，百度就成立了硅谷研究院，挖来Andrew Ng做首席科学家，研究的就是百度大脑，比如，如何在语音、图片识别方面大幅提高精确度和召回率。

此外，腾讯作为国内最大的社交应用服务商对大数据也情有独钟，不仅自己研发 C++ 平台的海量存储系统，成立腾讯互联网与社会研究院，还启动了与中国人民大学社会管理大数据中心首批博士后共同培养项目。

毋庸置疑，互联网公司在搜集数据方面，具备天然优势。而这也意味着，这群大数据领头人将在大数据的价值挖掘上，展开激烈竞争。

然而，对于成千上万的中小微企业来说，购买专业数据服务的压力不小，在数据上投入过多的财力也不太现实。那么，暂时没有能力获取专业数据服务的公司怎么办？难道就此放弃，按部就班地经营生意吗？

当然不是。

在互联网时代，不管是网店还是App客户端，商家都能或多或少地搜集到顾客的一些消费信息，从中获取关于产品购买周期、产品喜好等信息。

而且，就算没有专业数据公司的服务，商家也能通过抽取样本完成数据搜集和分析，并根据结果尝试优化后期的引流过程。

另外，值得提醒的是，营销者通过互联网或者书籍，也能搜索到一些二手数据资料，可以加以分析利用。不过在选择二手数据时，注意选取权威性高的数据报告，其可信度和运用价值相对更高。

总之，商家要尽可能地去搜集客户资料，并建立自身的客户数据库，经过一定分析后得出自己的消费者特征结论，并快速将其投入到优化引流的过程之中。

从引流中来，到引流中去

不管是一家街头小店还是一家国际大公司，只要经营业务是和消费者打交道，那么就必须努力在产品服务和客户之间搭建起数据的流通渠道，并且学会利用数据桥梁，不断优化引流过程。

哪怕只是一份调查问卷，一张用户数据表，都是弥足珍贵的。当你日积月累地进行客户数据搜集后，加以科学地分析，终将有所收获。

例如一家名为“优果仓”的水果店在即将开店之前，通过调查问卷、蹲点观察等方式，掌握了社区周围消费者偏爱的水果类型、习惯买水果的时间、常用的付费方式等信息，并通过口头和发放DM单的方式告诉消费者们即将开店的消息。

获取这些信息之后，水果店进行了诸多引流优化。比如，他们调查得出消费者喜欢水分足的水果，于是店内不仅采购了柑橘、梨、哈密瓜等普通的高水分水果，还有有机猕猴桃、有机草莓、西柚等不太常见的高水分水果；在每天傍晚的销售高峰期，店里多安排一位员工；开通微信支付功能，以满足年轻消费者需求等等。

社区店开业当天，一些提前知道消息的消费者纷纷前去逛店，而且惊喜地发现店内有很多符合需求的水果，立即对这家店产生了好感。

当调查得出使用微信的客户占比较大时，水果店及时建立了客户微信群，群员数量从几十人到几百人不断累加。这样一来，水果店与客户的交流就更加方便而且更加深入，服务也更加便捷。通过微信群，水果店很快有了固定的引流渠道，数据搜集也更方便，进而不断优化了引流渠道。

虽然这只是这家水果店进行引流的几个简单办法，但很难得的是，他们很清楚店铺引流的目的，他们没有把目光局限在刺激销量或打造客户关系上，而是从本质上理解了数据在引流中的作用，并且做出了有益的尝试。

消费者传播新流程

通常，企业传递信息的过程是比较清楚的：企业选择媒介渠道，创造信息内容，然后将信息发布出去，整个传播流程就完成了。但在另一方面，信息由消费者到达企业的路径却处于模糊不清的状态。

消费者很少主动向企业发出信息，在互联网尚未兴起的年代，消费者通往企业的渠道几乎是封闭的，企业很难接收到消费者的建议投诉。而就算接收到了，也因为某些企业不重视信息反馈，反而浇灭了消费者的热情，不经意间阻塞了消费者的传播路径。

而在互联网兴起之后，电商客户评价等形式率先打通了消费者通往企业的路途，之后再通过对消费者购买行为的跟踪，这对消费者传播路径研究有了很大帮助。

在美国西北大学整合营销传播教授唐·舒尔茨所著的《SIVA范式》一书中，提出了以消费者为中心的营销范式。在本书中，引用舒尔茨教授的SIVA范式，阐述消费者传播路径。

SIVA系统，S代表了Solution（解决方案），I指的是Information（信息），V是Value（价值），A是Access（渠道）。在决定消费之前，消费者首先会思考，如果要解决我的需求或者问题，有哪些方案可以解决这些问题？哪些信息对解决问题有用？解决问题的方案有何价值，要付出什么？从哪个渠道能够解决问题？

以一位想要减肥的张女士为例，她选择健身中心的过程，可以用以解释SIVA系统的传播路径。某日，张女士发现自己长胖了，苦恼不已。于是为了解决肥胖的问题，她想到了去健身中心减肥。

在想出解决方案之后，张女士将要面对大量的信息，即SIVA系统中的第二步Information。为了减肥，张女士会去搜集与减肥中心相关的信息，她会去了解哪家健身中心教练更好，哪个中心的减肥计划更科学，哪家提供的服务更丰富等等一系列信息。此时，与减肥有关的海量信息，都是张女士感兴趣的，而且乐于接触到的。

在了解减肥信息的同时，张女士会考虑两个问题：

其一，某家减肥中心可能为她创造怎样的价值？具体来说就是，她正在了解的这家减肥中心可能让她获得怎样的减肥效果，是3个月减掉10斤还是3个月减掉20斤，这就是减肥中心创造的具体价值所在。当然，她也会把减肥中心的器材配置、环境等因素考虑其中。

其二，张女士会同步考虑为了达到减肥目的，她将要付出多大的成本。这里所说的成本不仅与价格相关，与时间、精力等等因素也有很大关联。张女士不仅要了解减肥要花多少钱，而且要知道要花费多少时间精力在这件事情上。

这两个问题是张女士筛选信息的关键，越是符合张女士需求的信息，就越能引起她的注意。

最终，张女士需要获知购买到与减肥相关的产品或服务的渠道。比如，她想要选择一家健身中心进行运动减肥计划，那么她就会搜索在哪儿能够购买到健身服务。

按照张女士的信息搜集习惯，她选择在百度上搜索健身中心的信息。这时候，如果有一家健身中心很符合张女士的各方面需求，但在网上却没有相关购买信息，即便它再合适，张女士也不会选中它。因为在张女士选择健身中心的这条路上，根本看不到这家健身中心的身影。

显然，张女士也不会为了一家可能并不存在的健身中心，而轻易改变自己的习惯。她会选择最常用、最快、最方便并且划算（价格和时间精力）的方式获取产品。

再比如，美国打车软件Uber（优步）刚进入中国市场时，只开通了信用卡支付功能，这就导致许多没有信用卡的消费者无法使用。通常情况下，消费者不会为了用Uber而去申请一张信用卡，而是转而选择能微信或支付宝支付的其他软件。于是Uber才在后来开通了支付宝支付功能，使得更多的消费者能够最快最方便地获取服务。

通过SIVA系统可以知道，消费者流向企业的过程是一个完整的传播行为，这个行为的发起者和主导者都是消费者。那么，在这个过程中，企业需要做什么?

企业需要做的，是通过合适的渠道在合适的时间以合适的内容和形式，出现在消费者面前。

消费者很重要，这是商家的共识。但问题在于，如何去维护这种重要性。是去谄媚地求着顾客上门，还是把顾客奉为上帝小心伺候，商家们尝试过各种办法。面对消费者，商家们总是捧在手心怕掉了，含在嘴里怕化了，往往无所适从。

在引流新时代，消费者也开始走向商家，主动告诉他们自己的需求，表达自己的情感。此时，消费者传播的路径打通了，双方的沟通更加直接有效。通过消费者评论和购买数据等方面的分析，商家就能知道消费者的所思所想，也能更精准的细分消费者群体，并且做出相应的策略改变，使商品交易更加流畅和愉悦。

什么是流？形象化来说，流就是用户走向商家的路，而这条路由客户数据铺成。流向商家的不仅是客户的消费，还有宝贵的客户数据。商家引流的目的，一是为了获得消费者数据，二是为应用数据谋求更好的发展。从搜集客户数据做起，从引流中来，到引流中去，这就是引流的终极原因。

第四章

媒介引流

微信、微博、视频网站、直播网站、图书杂志、报纸电视……光是这些媒介的形式，就多得足以让人目眩神晕，更别说每个形式下面生存的单独的媒体了。

一个人想要网购，供他选择的就有淘宝网、京东网、当当网、美丽说、唯品会、聚美优品、蘑菇街等等电商网站。

一个人想要获取资讯，那么选择范围就更广了，有人在微博上搜索关键词，有人在百度搜索，有人浏览今日头条，有人爱看一点资讯。发布信息的网络平台有千千万万个，消费者的选择也有很多种，商家应该把信息放到哪个平台上，的确是一件伤脑筋的事情。

如果你不知道你的消费者习惯使用什么媒介，只是盲目地去打广告，当然不会有效果。如果你不知道你的消费者喜欢看严肃内容，反而创作出搞笑的文案，当然不会有效果。如果你的消费者是在早上看信息，但你却在晚上发布消息，他们连看都看不到。如果你的消费者喜欢甜的，你却给他酸的，他们也不可能为了你轻易地改变口味。

如果你不了解你的消费者，什么问题都有可能发生。面对越来越多的媒介，你不知道如何选择；面对越来越多样化的内容，你不知道用哪种内容去吸引消费者；你也不知道从哪里获取消费者信息，吆喝半天也不见他们看你一眼。是的，如果你不了解消费者，你会做越来越多的无用功。

另外，值得注意的是，当营销者一窝蜂地选择主流媒体时，往往忽略了很多看似小众的媒介，或者不起眼的媒介，甚至是那些没有想到过能够称之为媒介的事物，但这些，往往能够发挥超常的作用。

在媒介越来越复杂化而且将继续复杂化的时代，如何找到合适的媒介渠道，如何发现新的媒介爆发通道，如何整合媒介应用效果，值得大家深思。

新媒介出现了

对于企业来说，发布广告信息，就需要依靠媒介渠道传输。在互联网普及之前，企业通过付费广告把控着信息传输渠道，而消费者在媒介使用上则处于弱势。毕竟，没有人会去电视上发一条心情语录。

传统媒体的点歌功能、电台热线功能等等，已经算是消费者能够用以公开发声的早期形式，可这些功能并不能完全满足消费者的诉求需求。

每年3·15的时候，各大传统媒体会采访搜集消费者意见，对不良商家行为进行曝光。但是，能被采访到的消费者少之又少，还有很多消费者意见其实无法通过媒介传达出来。

一直以来，普通人表达自我的常用渠道就是记日记，与朋友联系的方式则是简单的见面、写信、打电话或者发短信，他们与商品企业的联系少之又少。

然而，当互联网逐渐普及之后，消费者使用的媒介形式一下子爆发了，人们可以用多种媒介形式与外界沟通，而且同时满足一对多的交流。

一条简单的消息，可以在微博、微信朋友圈、QQ空间、来往、易信、校内网，甚至可以在查询车辆违章的App上发布……尤其在一些细分的领域，还暗藏着许多不知名的社交平台。

一条状态发出后，立即就会有多个人接收到，而不再局限于一对一的交流。这一切，都是企业与消费者利用媒介的双向沟通行为。它可以是企业主动联络消费者，也可以是消费者主动联系企业。

随着互联网平台的扩展延伸，消费者掌握了信息发布的主动权，其影响力甚至可能超过企业广告信息的传播力。

2015年7月11日，知名女作家六六在微博上爆料称自己在某电商平台网购水果，但收到的却都烂了。她与客服反复沟通无果，实在忍无可忍，将自己的遭遇公布到了微博上。她严词拒绝和解，并感慨做草民真难。

六六在微博上拥有1180多万粉丝，她的这番经历引发了网友的关注，不少网友都说有类似经历，集体声讨该电商平台。一时之间，该电商成为了众矢之的，品牌形象大大受损，再多的广告也难以平息这场风波。除了向消费者道歉，许诺下不为例之外，无计可施。

试想，如果没有互联网的公开发声平台，六六的遭遇就不会被这么多消费者知道，就算她是名人，但任她喊破了嗓子恐怕也找不到几个人声援，因为没有发声的渠道就等同于失声，不会有人理睬。

显然，互联网普及之后，媒介发生了很大的变化。媒介的新特质可能会给企业带来新问题（比如像六六这样的消费者投诉曝光），也可能会给企业带来空前的引流效果。

媒介是一种工具，本身没有好坏之分，用得好就威力无穷大，用不好就是浪费资源。因此，在了解有哪些引流的媒介之前，我们要先了解媒介传播的新变化。只有认清媒介的新变化，抓住根本问题，才能重新运用媒介为引流服务。

消费者可以同时使用多个媒介

小林是一位普通的80后上班族，每天早上醒来，她会点开微信朋友圈看看朋友们发的消息，然后点开订阅号，看看有什么新段子，接着她打开微博，浏览一下在她睡着的时候发生了什么新闻。

这一系列行动用了15分钟左右。小林到达公司后，打开电脑，点击了新浪、财新等几个网站，浏览新闻。在她工作间隙，她还会点开微信朋友圈和订阅号看看新闻或者朋友们的生活动态。看到一个朋友买到了假货，她就主动转发申讨商家的不良行为。

工作一天后，小林在下班的地铁上听了会儿音乐，刷新微博，也不忘发个朋友圈说说当天的生活工作，一边坐地铁一边回复朋友们的评论。小林坐在地铁上偶尔抬头，会看到地铁电视里在播放一款饮料广告，还会看到地铁站台内的某个食品广告。

小林回家吃完饭后，躺在沙发上开了电视，然后拿着手机点进了淘宝，一边淘衣服一边在微信和朋友分享。当电视里开始播放她喜欢的一档综艺节目时，小林的注意力转移到了电视上，刷淘宝和微信聊天的速度变慢了。

电视节目看完后，小林看了半个小时网络小说，然后放下手机准备睡觉。不过，她点开了蜻蜓电台，选了一个她常听的晚间广播频道，设定了收听时间，然后才一边听着广播一边睡着了。

这是小林日常使用媒介的情况。我们可以看到，小林每天接触的媒介平台在10个以上，每一种媒介都分散了她的注意力，尤其是她主动选择接触的媒介，她会更加关注上面的信息。

试想，在互联网出现之前，小林的媒介接触点就会只有报纸、电视、广播三种。那时，她的生活是很单调的，她不能发心情状态或者所见所闻，逛街必须去商场，也不能随时和朋友交流。那时候，小林每天都在接收信息，没有渠道发布公共信息，买了假货也只能跟家人吐槽两句。

如今，小林可以一边听音乐一边刷微博，一边看电视一边逛淘宝，一边浏览网页一边看手机视频，她可以在同一时间接触多个媒介。此外，她一天之中接触到的媒介也远远多于只有三大传统媒体的时代。

在传统媒体主导的时代，媒介数量少，受众处于渴望倾听和获取信息的状态。在营销者的观念里，受众在同一时间只能使用一种媒介。但随着媒介数量不断增多，信息量膨胀之后，受众对信息的渴求也不再和以前一样强烈。

其中最大的变化是，受众学会了筛选信息，学会了主动选择自己需要的信息，并且能够同时处理多个媒介任务。

这时候，营销人员在媒介效果测量上遇到了问题。如果一个消费者同时在刷微博、看电视、翻报纸，那么他到底是哪种媒介的用户呢？是单个媒介的用户还是同时是三种媒介的用户？这三种媒介的作用是相当的还是有大小之分？

这些难以精确计算的问题让营销者很伤脑筋，更让人绝望的是，就算进行消费者调查，消费者本人也很难告诉你，他是看到了哪个媒介上的信息才开始了解这个产品的。

也许消费者第一次接触产品信息是看到某个微博大V分享了相关消息，第二次是打开朋友圈看到几个朋友发布了使用产品的消息，第三次接触是看到了淘宝首页该款产品正在促销，然后这个消费者在淘宝和百度等网站搜索了这款产品的信息，觉得适合自己，然后做出了下单的决定。

因此，我们无法片面地把引流的成功归功于上述某一种媒介，但是又难以辨别每种媒介的重要程度。研究者提出，当消费者同时使用多个媒介时，不会把注意力同时集中在全部媒介上，他们会对其中一个媒介予以重点关注。也就是说，被关注媒介上的信息更容易被消费者注意。

另外，消费者对媒介的感知不同。有人更容易被微博内容吸引，而有的人更容易被朋友圈内容吸引，因此虽然同时使用多个媒介，但因为个人喜好偏差，媒介发挥的作用就有大小之分。

那么，如何评判一个媒介的效果好坏？长久以来，报纸阅读率、电视收视率、广播收听率是评价媒介效果的唯一标准。

按传统的思路，电视收视率越高，就证明节目越受欢迎，收看的观众越多，那么该节目播放期间的间隔广告就会有更多的观众接收到。但实际上，营销者发现，观众在广告的时候可以跳到其他电视频道观看另外的节目，广告的到达率并没有想象中的好。

另外，当消费者又看电视又上网的时候，注意力很可能没有在电视画面上，以至于没有接收到广告信息，或者是对信息无法记忆。

尽管如此，营销者还是会到收视率高的节目上打广告，而且尽可能提高出现在消费者周围的频率。他们相信，只要填满消费者的广告时间，就一定会被消费者记住，激发他们的购买欲望，进而采取购买行动。

不过，营销者的美好想象太过天真。当他们无时无刻都出现在消费者面前时，消费者对广告商产生了反感甚至是厌恶的情绪，从而极度排斥广告的入侵，对广告的辨识能力也有了前所未有的提升。

到后来，营销者发现，可以把商品信息植入到电影电视节目当中，或者直接通过冠名赞助的方式，就可以不知不觉地长时间传递广告，而且不招观众讨厌。

OPPO和vivo两大手机品牌就非常擅长用多种媒介做营销。国内几乎所有收视率最高的电视节目都曾被他们冠名过，比如《快乐大本营》《天天向上》《我是歌手》《爸爸去哪儿》《非诚勿扰》《中国达人秀》《中国好声音》……

另一方面，OPPO和vivo也通过横幅、广告牌匾、视频广告，还有线下促销活动等媒介工具进行引流。2017年1月份，OPPO的国内出货量为835万部，vivo为728万部，分别占据了17.1%和14.9%的市场份额，全国排名前两位。

然而，市场上更多的是即便使用了各种媒介工具，大肆营销宣传，最终却引流失败的例子。

预调酒品牌锐澳曾经也是各大影视节目的金主，2014年，该品牌花2亿元赞助《奔跑吧，兄弟》第一季节目；2015年，在《奔跑吧，兄弟》中植入品牌广告，又在《杉杉来了》《把爱带回家》《你们被包围了》等十余部电视剧中植入广告。

通过明星代言、热播剧植入、真人秀冠名等方式，锐澳鸡尾酒成为了流行。2015年上半年，锐澳营收16.17亿元，利润超6亿元，稳坐全国第一的位子。

然而，遍地打广告的刺激方式无法持续太久。2015年下半年起，锐澳就开始陷入了滞销困境。2016年，居高不下的广告费带给了锐澳很大的压力。2016年上半年，锐澳酒销售收入同比减少75.14%，净利润同比下降123.64%。

锐澳酒从顶峰滑落谷底的原因有很多，比如盲目扩张、营销过度、定位不清楚、产品缺乏创新等等。一款产品的成败不仅仅是由营销决定的，当其他环节出现严重失调或失误的时候，营销也会被拖累，甚至可能成为继续发展的负担。

媒介参与度有高低之分

在互联网普及之前，人们认为，越能减轻受众参与度的媒介越是高级，比如让人看得见又听得到的电视就比只能看字的报纸杂志更高级，更容易被受众接受认可。人都是懒惰的，如果能够直接在电视上看到画面听到声音，何必看着报纸想象场景对话呢？

而如今，越是参与度高、互动性强的媒介，越是受到受众的欢迎。这里所说的参与度，不是指受众要调动多少感官来参与信息理解，而是指受众使用该媒介的主动性。也就是说，哪种媒介能最快最方便地调动受众使用，哪种媒介的参与度就高。

过去单线发布信息的报纸、电视等旧媒介已经过时了，传统媒体纷纷朝热媒介转型，比如纸媒开通线上频道与读者加强互动，电视节目开发弹幕功能，让受众们在看电视的同时还能讨论剧情聊天。

于是，以社交媒体为代表的高参与度的媒介受到了人们的欢迎。欧洲管理学院（ESCP）营销学教授Andreas M. Kaplan（安德烈·开普勒）将社交媒体（social media）定义为：一系列建立在Web 2.0的技术和意识形态基础上的网络应用，它允许用户自己生产内容的创造和交流。

现阶段，交友网站、App、微博、微信、博客、论坛、播客、直播网站、电子邮件、游戏等，都属于社交媒体。特别是移动互联网普及之后，用户能够随时随地使用社交媒体，使得这类媒介的使用更加频繁。

那么，如果把目光聚焦在营销者和消费者身上，会是什么情况呢？在今天的市场中，如果消费者不能参与到营销者所使用的媒介中，那么营销信息很可能会被忽略。单调无趣、毫无参与性的引流方式和内容在信息量过剩的今天早已没有效果。

传播媒介变了，消费者使用媒介的习惯也变了，这些改变直接影响了传媒产业，参与度低的媒体因为备受广告主冷落感到了疼痛。

市场研究公司CTR针对60个城市的监测数据显示：从2010年到2011年，仅仅一年的时间，报纸读者流失了350万。35岁以下人群读报的比例，2005年为47.6%，2011年下降到了31.3%。其间，“50后”、“60后”的读报比例几乎没变，“70后”下降一点点，而显著下降的是“80后”的人群。

新闻客户端“今日头条”数据显示，截至2014年底，其平台用户超过2.4亿，日活跃用户有2000多万，19岁到35岁的用户占70%，会计、律师等专业人士群体占比31.48%，是最大的用户群，其次是公务员占比23.58%，国企职员、企业高管和技术研发人员等白领人士的占比紧随其后。

从以上数据可以看到，用户参与度高的微信公众号在粉丝数量、粉丝结构上都优于参与度低的报纸。

据美国市场研究机构eMarketer的报告，2015年中国用户在所有媒体上每天总用时为6小时08分。其中，数字媒体每天花费时间已高达3小时05分；传统电视每天用时为2小时40分；收音机为11分钟；印刷媒体为11分钟（报纸为10分钟，杂志为1分钟）。

正是由于参与度高低的不同，媒体之间的营收悬殊便越来越大。这就难怪有很多新的营销人根本不考虑投放报纸广告，报纸原有广告客户也逐渐停止投放，转向其他媒体平台。纸媒正面临着严峻形势，有的报纸广告收入在半年内就下滑了一半，有的报纸难堪重负而停刊了。

既然媒介环境已经发生，而且正在发生巨大的变化，那么媒介类型的划分方式也随之有了新变化。

一般情况下，人们把媒介简单地分为传统媒体、新媒体、其他媒介三种类型。目前很多新闻传播学的教材里，仍然延续着这样的划分方式。

传统媒体是指报纸、广播、电视、杂志、图书，新媒体是指与互联网相关的媒介，比如网站、微信、微博，其他媒介是指公交站台广告、灯箱广告、传单海报等其他用于信息传递的方式。

在这里，将按照参与度的高低，对媒介进行划分。由于无法完成及时点对点的互动交流，报纸、广播、电视、杂志、传单海报、图书、其他物件归位参与度低的媒介；而电话、电子邮件、搜索网站、微博、微信、网络视频等媒介，因能够实现及时互动，其参与度属于中高等级。

根据新引流时代的特征变化，任何能够传递信息的介质都能够用作引流媒介。一些看起来媒介特质不怎么明显的事物，反而能够发挥意想不到的引流效果。于是，门店场景、个人、产品、活动策划这四种看起来不像媒介的介质也划分为高参与度的媒介。

按照参与度高低的标准，下文会对各个类型的引流媒介进行介绍和阐述。但是，参与度高低并不是评判媒体优劣的标准，只要你能在媒介的另一端接触到你的消费者，那么这种媒介对你来说就是好的。

如果你已经认识了消费者，知道在哪个媒介终端能找到他们，那么请你立即行动起来，去学习如何利用媒介接触你的消费者，只有不断地尝试，才能不断地进步。

高参与度的媒介：重在互动

为什么高参与度的媒介总是能火？原因很简单，这些媒介能够激发人们的参与感。具体到商业来说，消费者运用这类媒介能够释放情绪、表达自我观点，甚至能影响企业的决策。这样的情况，在以前是不会发生的。

在运用高参与度媒介的过程中，最重要的就是学会互动。有的企业申请了一大堆账号，微博、微信公众号、网站等等，都有渠道，然而平日里却没人打理，有等于无，反而有损企业形象。另外，门店场景、员工等一些高参与度的媒介，长期被人忽略，没有发挥最大的引流效果，这不仅是资源浪费，更是商家的损失。

但是，高参与度的媒介，看起来简单，但要玩好却很难。

微博

2009年，新浪微博问世后，经过数年的发展，打败了其他竞争对手，统一了微博天下。与此同时，微博自身发展轨道也得以稳固，在已有功能的基础上，不断进行着新尝试。

微博的出现，进一步打通了消费者和企业之间的沟通渠道，双方通过评论、私信功能进行实时沟通，大大增加了沟通效率。更重要的是，微博引发的是消费者与企业主动沟通。往往企业只发了一条微博，但却能收获上万条网友评论与上万次网友转发。这时候，企业和消费者之间的距离，就是一条微博140个字的距离。

有时候网友评论虽然多，但只要稍微浏览就能发现他们对企业或产品的基本看法，这些评论十分有助于企业研究出改进措施。而且，对于消费者来说，微博也是他们搜索商品的一个重要渠道。

另外，微博打破了大企业对广告资源的垄断状态，使得小企业，小商家也能拥有一个大范围的发声平台，而且，个性化个人化特征越明显，越能引发粉丝的参与和关注。毕竟，没有谁愿意关注一个每天发送产品广告的微博。

因此，在微博发展过程中，许多小商家或者自媒体从中脱颖而出，获得了大批粉丝，这些小商家或者个人的粉丝聚合力甚至高于大企业的号召力。

在微博平台上，能吸引粉丝转发评论的总是那些有着比较明显性格特征的企业微博，单调乏味的企业宣传语无法激发粉丝参与。这就导致了有些企业微博很热闹，但有的企业微博形同虚设。

2012年，是微博发展的一个爆发期，在这一年里，大大小小的产品在微博上都开创了一片新天地。其中，最被人称赞的是褚橙在微博上掀起的风潮，而这款产品也因为微博引流而收获颇丰。

这年10月27日，经济观察报微博将《褚橙进京》的报道链接到了微博账号上。万科创始人王石随即转发微博并评论："巴顿将军语，'衡量一个人的成功标志，不是看他登到顶峰的高度，而是看他跌到低谷的反弹力！'"

王石的这条微博迅速引发了网友的关注，很快，柳传志、冯仑、潘石屹等企业家也纷纷在微博发表了对褚时健和褚橙的敬意。此外，韩寒、柯蓝、六六等大V明星在微博上晒出褚橙，引发了新一轮对褚橙的关注。

就这样，褚橙的消息在报纸上首发，又以最快的速度在微博阵营上传播开，引发了公众讨论褚老精神、褚橙味道的热潮。短短时间内，原本对褚橙一无所知的消费者就爱上了褚橙。那一年，首次尝试面对全国网络销售的褚橙在线上卖出了数百吨。35天时间，褚橙当年全部1万吨产品就售罄了。

试想，如果没有微博渠道，关于褚老和褚橙的消息无法如此快速地传递出去，并且吸引到年轻消费者的购买。如今，也有很多营销者通过付费的形式请微博大V发布营销信息，但都难以达到褚橙的水平，况且，推荐褚橙的大V们都没有收过一分钱。

就是这样，褚橙才成为了引流的一个传奇案例。然而，对于大多数没有足够人脉和金钱资源的企业来说，做好自己平台的微博引流更加关键。

2016年，在大家感觉微博营销势头减弱的时候，海尔的官方微博火了。在这之前，海尔说要做线上新媒体，很多人不理解，冰箱还需要新媒体吗？难道天天在微博上吆喝卖冰箱？等海尔的官微火了之后，大家恍然大悟，原来新媒体还能这样做。

2016年1月11日，故宫淘宝的微博发了一条微博，“有人建议做款冰箱贴，既充满历史感又言简意赅，冰箱上就贴俩大字：冷宫！”一位粉丝转发这条微博，并@海尔说：“你们合作一下，出一个外观是宫殿的迷你冰箱，宫牌打上冷宫！绝对棒得没话说。”

海尔官方微博在第一时间回应粉丝微博说：“容我考虑考虑。”然后，网友们开始热闹了。大家觉得，一个冷冰冰的官V，它竟然回复我了。有趣的是，海尔的官微不仅会回应粉丝的召唤，而且还喜欢主动评论留言。后来，很多网友浏览微博，目的不是去看博主发的内容，而是为了看海尔的评论。

许多脑洞大开的海尔式热评，让粉丝们大呼“海尔官微活跃得像高仿”“以后家电全买你家的”。在微博上，海尔创造了年轻化的品牌形象，拉近了与消费者之间的距离。

作为一种媒介，微博的确是企业宣传的通道。但在引流时代，它更是引入消费者参与，帮助企业了解消费者，与消费者互动的通道。它把企业和消费者之间的沟通变得更加简单和个性化，有助于企业与消费者之间长期感情的维系。

微信

微信是继微博之后引爆线上引流的又一大利器。每个人的朋友圈里，几乎都有几个卖化妆品、食品或者衣服首饰的微商朋友。朋友圈微商，是最初级的微信引流方式，并不适用于所有的企业产品。

自2011年正式上线后，微信团队就一直在摸索微信广告模式。一直到2015年1月，微信在全球已积攒了4亿用户，这才小心翼翼地推出了第一波广告。根据用户的不同特征，微信向其推送了不同类型的广告。这样新颖的广告形式，引发了一阵热议。

在热闹过后，很多人意识到，在微信推送一条企业广告的费用并不是小公司能够承担的，其引流效果也有待测量。在微信运用上，相对安全的做法是开设企业订阅号、服务号，或者利用公众号平台引流。

与微博相比，企业微信号想要吸引粉丝的难度更大。最主要的原因在于，网友对微信公众号发布的内容信息的知识性、趣味性、实用性要求更高，如果单单发布企业新闻或产品信息，很难吸引消费者关注。

单一的企业公众号一不小心就会成为企业的独唱平台，很少有真正的粉丝关注互动。

一般而言，网友关注微信号有两大原因，一是为了获取资讯，比如媒体公众号、自媒体公众号；二是为了方便购买产品，比如一些微信订购平台。

于是不难理解，媒体性质的公众号在微信上活跃度更强。尤其是一些自媒体公众号，吸引了上百万粉丝关注，成为微信引流的新渠道，比如罗辑思维、六神磊磊、咪蒙等。

既然无法拥有微信大号一般多的粉丝，企业只好通过合作或者付费广告的模式，借用他人的平台引流。

由于与罗辑思维的新人气质相吻合，“我是花吃”鲜花饼就搭上了罗辑思维的大号班车，享受到了一次美妙的引流之旅。经过罗辑思维另类推荐，“我是花吃”在20天内销量突破8万枚，产品好评率高达99%，重复购买率达60%。

当然，这样的幸运不是谁都能遇到的，网络大V不是谁都搭得上的。更多的时候，微信引流渠道需要企业自己去搭建。

2014年，成都果果哒公司创立。创立之时，微信正处于蓬勃发展的鼎盛时期，公众号、微商号扎堆产生。果果哒就是伴随着微信生长壮大的一个鲜果互联网平台。

关注果果哒微信号后，用户可以在微信下单购买产品，参加抽奖活动，同时能够在第一时间获悉果果哒的新活动和新鲜产品信息，这些实用的功能帮助果果哒引来了粉丝。

经过一段时间的积累后，果果哒根据粉丝的产品购买量以及与果果哒平台的互动次数，精准定位了几位品牌忠诚度比较高的粉丝，依靠她们的力量建立了品牌微信群团队。这些忠诚粉丝的任务是各自管理一个微信群，在群内传递果果哒的活动信息，搜集客户意见等。

为了答谢忠诚粉丝的支持，果果哒会为她们提供特定的产品优惠券，并定时组织聚会活动。这些任务对粉丝们来说，是一件轻松的事情，而且她们很愿意和自己喜欢的品牌合作。

在粉丝的管理下，果果哒的一个微信群从几十人增加到上百人，而且保持着不错的活跃度。像果果哒这样做微信引流的企业还有很多，企业正想尽办法加强粉丝黏度，期望与粉丝紧密地绑在一起。

在引流时代，需要特别提醒营销者的是，投放微信广告之前，请一定要搞清楚，对方平台的粉丝是否是你的目标消费者，并不是哪个公众号粉丝多，它的引流效果就是最好的。

如果要自建微信引流系统，并不是别人开一个微信群，你就一股脑跟风开十个微信群。微信引流系统的搭建看起来很轻松，但真正要维护好，需要大量的时间精力和专业的团队。

实体门店

消费者只要走进门店，买卖双方的交流模式就开启了。消费者可能在店内闲逛，可能会消费，可能与服务人员交流，可能碰到其他客人，可能会坐下来休息……店内的一草一木、一条板凳一张桌子，都是和消费者直接沟通的介质。店内的桌椅板凳虽然不会说话，但它们的存在会告诉消费者，这是一家什么样的店。同时，消费者内心对门店也会有感受和评价。

很多时候，消费者喜欢去一家店消费，是因为他们喜欢与那里的环境沟通。

熊猫邮局在成都少城路上开第一家店的时候，店面外观是传统的邮政局形象，除了店内有熊猫元素的明信片售卖之外，与普通的邮局没有任何区别。顾客到店后，不会认为这是一家熊猫主题元素的邮局。

成立半年后，熊猫邮局的营销团队决定重新打造店铺，推出独立的熊猫邮局形象店，目的是为了给顾客营造熊猫主题明信片的文艺氛围。

于是，熊猫邮局将传统封闭式的邮局改造成了开放式门店，邀请专业团队为熊猫邮局进行了整套的VI设计，从品牌LOGO、门店标识、颜色到熊猫形象都一一更新。

在新的熊猫邮局店内，还有一个熊猫元素的主题邮筒，熊猫邮筒以黑白灰为主，打破了传统深绿色邮筒的规则，凸显了邮筒的时尚个性化。这款邮筒不仅能发光，还能自由转动，而筒身的熊猫卡通头像还会变换不同的萌表情。

熊猫邮筒推出后，立即成为了熊猫邮局的一大引流亮点。除此之外，熊猫邮局还配置了可以打印的DIY明信片机，有照片互动墙、独特的香薰、舒缓的音乐，有供人休息的座椅，还有Wi-Fi……

最特别的是，熊猫邮局还养了一只顾客送的小白猫，这只白猫和店内的设计十分搭调，成了邮局文艺范儿的象征。有喜欢猫咪的客人慕名而来，到熊猫邮局逗逗小猫，寄一张明信片。

经过一系列门店打造之后，熊猫邮局的营业额从单店单日200元上升到单店单日8000元左右，相比之前翻了几十番。值得一提的是，熊猫邮局的门店并不是千篇一律的，在固定风格的基础上，根据不同的环境，熊猫邮局的招牌会有一定的变化。比如，在成都宽窄巷子、黄龙溪古镇等景区，熊猫邮局的门店招牌设计就加入了景区的新鲜元素，这种做法类似于星巴克的门店打造方式，在保持风格统一的同时让人耳目一新。

如今，像熊猫邮局一样打造门店的做法已经不新鲜了，各类连锁店、单店的第一引流计划几乎都是从打造门店开始。似乎每个营销者都想打造一个百分百吸引客人的场所，他们总是夸夸其谈地说要打造一个让客人无法拒绝的门店。然而，他们常常失望，常常发现自己并不是最好的那一个，他们猜错了顾客的想法，以至于店内冷清，无人上门消费。

一位经验丰富的传统火锅店营销者曾谈起，经过多年的观察发现，消费者吃火锅，是为了体验人多热闹的感觉，所以在布局店内客桌的时候，要给人一种乱中有序，紧凑而又不影响正常走动的格局，中规中矩、间距较远的桌椅放置并不会讨得消费者喜欢。

而在成都，还有一家以游客为服务对象的旅行主题火锅店，名叫“何小仙的旅行者火锅铺”。这家火锅店没有像传统火锅店那样紧凑地安置桌椅板凳，而是留有相对较宽的间距。在店里，没有高声喧哗，没有人声鼎沸，没有啤酒杯不停碰撞的吵闹声，却常常有一群背包的游客一边吃火锅，一边愉快地聊天。

在何小仙的火锅铺里，摆放了许多物件，都是店主从世界各地旅行淘回来的，店内装修也给人一种踏入了丽江客栈的感觉。不管是一楼大厅挂的世界地图，还是放在某个角落的一盏小灯，这些都会让人立即产生对旅行的向往，客人们一边吃着火锅，一边憧憬着旅行。

同样是火锅店，营销者却打造了风格迥异的门店场景。为本地客人服务的火锅店，紧凑热闹；而为游客打造的火锅店则是轻松愉悦。

我们可以从中得出一个结论，营销者在打造一个门店之前，要对消费者有足够的了解，比如，消费者喜欢的灯光、装饰、桌椅……这些问题知道得越多越好，越细越好。你的消费者是本地顾客还是游客？女性多还是男性多？年轻人还是老年人？目标消费者区分清楚了，才能打造出一个让他们喜欢的场所。

当然，消费者的个体差异性很大，要想知道消费者的群体爱好并非易事，这需要营销者多观察多问多思考，在日积月累中才会有所领悟。有的客人喜欢清幽小院，有的客人喜欢明亮大堂，在打造门店之前，一定要弄清楚目标消费者群体的喜好。

员工

在媒介发达的时代，以人为传播介质，口口相传的口碑效应依旧是营销者关注的重点之一。

企业花重金请明星代言广告，付费请大V转发推荐，免费请消费者体验，又或者是拉拢亲朋好友帮忙推广，其目的都是为了借助他人的力量，传播产品信息，吸引更多的消费者消费。

可以说，一切引流计划都要依靠人去实施，人在引流过程中扮演着极其重要的角色。那么，在这么多不同类型的人里面，谁是引流的主力军呢？是数量庞大散布在四周的顾客？是一呼百应的明星？还是一切都尽心尽力的老板？

都不是。其实真正能带来源源不断客流的是企业的员工们。他们也许是在外奔忙的销售人员，也许是跑腿的小二，也许是前台服务人员，也许是网店小客服，也许是打扫清洁的阿姨，也许是店里的厨师……这些在一线为客人提供服务的员工，就是连接消费者和产品的媒介渠道。

如今，企业对员工越来越重视，通过各类员工培训活动，调动员工积极性，培养他们与公司相同的价值观，规范他们的言行举止，以此引导他们目标一致地投入到工作当中。

我们观察到，有的公司员工常常主动聊起自己的公司，乐于将公司的产品或服务介绍给其他人，但有的公司员工却常常抱怨公司强迫他们宣传产品。造成主动或被动反应的主要原因，就在于员工是否发自内心地认同公司的发展理念，是否真正认可公司的产品或服务。

在所有的企业培训中，星巴克的员工培训系统以其独特专业的特质备受推崇。星巴克从招聘员工开始，就会向应聘者传递星巴克咖啡文化。星巴克的员工面试通常会从品尝一杯咖啡开始，这杯咖啡往往是门店经理最喜欢的一款产品，然后面试的谈话会从这杯咖啡说起。

新入职的咖啡师需要从咖啡种植开始学习，了解咖啡采购、加工、烘焙流程、生产技巧等等一系列专业知识，通过理论学习和实践测试，培养员工对咖啡的热爱。在企业文化培训方面，星巴克做了更深入的工作。领导者会给员工讲各种精彩的星巴克故事，从这些鲜活的故事中向员工传递星巴克公司的信息，比如星巴克的咖啡豆采购故事，拜访咖啡豆种植园的故事，调制咖啡的故事等等。更特别的是，星巴克还给员工提供了实地参观原始种植园的机会，让他们亲身体会咖啡的魅力。

诸如此类的星巴克员工培训方式还有很多，星巴克不会强迫员工对公司忠诚，也不会把公司理念强加于员工，这家公司一直在引导员工自主思考和体验，成为星巴克真正的一员。

在一系列的员工培训之后，星巴克收获了员工对企业的忠诚。最重要的是，星巴克员工会自然地将星巴克的咖啡文化传递给他们直接服务的客人。

一位名叫保罗的星巴克咖啡师曾经在分享中谈到，通过与客人分享在培训中学到的咖啡知识，他和一位客人成为了好朋友。于是，他经常和这位朋友聊天，给她提供很多新鲜的咖啡品尝建议。

久而久之，这位顾客每周五晚上都会有半个小时到店里找他聊天，谈论咖啡和烘焙美食。而这位顾客每次离开的时候，都会购买一磅咖啡。就这样，保罗将一个又一个的客人留在了星巴克。

有人说，星巴克公司实力强大，他们有完备的员工引流培训系统，别的公司学不来。这样的想法未免过于悲观，毕竟一切生意都是由人来参与完成的，只要有人，就会有客流的导入。

在成都一家超市门口，常年有几家摆摊卖水果的小摊子。其中有一家的生意特别好，而且有很多回头客。究其原因，不是因为老板长得美或者是吆喝的嗓门大，而是因为客人们喜欢和她聊天，听她说说怎么挑水果，各种水果的健康吃法，最近该吃什么应季水果等等。

在引流时代，直接为消费者服务的员工发挥着强大的作用，他们能够吸引客人，而且还能将分散的客人聚集到一起，既能吸引新客人的加入，又能留住老顾客。在实际的引流过程中，员工会比明星大V发挥更强的引流作用。

产品

客流为什么会来？

是因为营销者人脉广？资金多？渠道广？方案好？广告多？都不是。任何一款能持续引流的产品，其引流的核心力量不在于外部营销有多么强，而是在于其产品本身是否具备引流能力。可以说，没有什么比好的产品更能调动消费者的参与性了。

为什么罗辑思维愿意免费给“我是花吃”做推广宣传？

2014年，罗辑思维发起了中秋节月饼活动，用互联网思维做起了月饼生意。当时，“我是花吃”的营销者将产品寄给了罗辑思维，与其他品牌产品竞争上线。最终，罗辑思维团队对“我是花吃”的产品口味、包装风格和品牌理念高度认可，向“我是花吃”抛出了橄榄枝。

试想，如果“我是花吃”的鲜花饼味道难吃，任由它包装多么高档，理念多么新潮，罗辑思维会和它合作吗？肯定不会。

为什么褚橙年年火爆？

如果说2012年褚橙火了是一种营销现象，那么在此之后的每一年，褚橙都创造了新的销售记录，这就不再仅仅是关乎营销了。褚时健曾不止一次地说过，褚橙从来没有做过营销，卖得好是因为它的品质够好。

不论是甜度、大小还是色泽，褚橙都远胜其他冰糖橙，这才是消费者每年期盼褚橙季到来的真正原因。实际上，褚橙也不是一种出来就如此好吃的。褚老花了十年时间，改良土地、调制肥料、修剪枝叶、引渠灌溉，这才改变了橙子果子小、产量低、口感差的问题。

每当有客人拜访的时候，褚老总喜欢切几个橙子给客人尝，让客人提意见，然后再想办法改良产品。褚橙的品质能够一年比一年更好，褚老能够总结出最适合中国人口感的24：1的最佳酸甜比例，都离不开顾客的意见。

那么，为什么星巴克的新品总是受到欢迎？

对于企业来说，产品和服务的更新换代是很重要的，新品支撑着企业生命的延续。但是，很多消费者并不愿意尝试新品，在他们的潜意识里，认为新品存在品质风险，没有经典产品好。

然而，星巴克的顾客们却非常乐于尝试店里的新款饮品和烘焙食品。星巴克所推出的新品常常成为一个爆款，迅速获得消费者认可。

这是为什么呢？

其实，如果没有细致的消费者口味调查，星巴克也不敢随意推出新品。从中国地区独卖的辣意椒香摩卡、抹茶黑芝麻巧克力，到印度的酸奶烤鸡块、巴西的迷你奶酪面包球……这些都是星巴克对各地消费者进行深入调查后，研发的特色口味食品。

星巴克在新产品测试期间，会根据顾客的意见对产品不断进行调整。星巴克的领导层认为，咖啡师应当在了解顾客需求后，再为顾客推荐产品。当咖啡师推荐了一款真正满足顾客需求的产品时，顾客就容易产生信任感，愿意听从建议。

那么，客流和产品之间存在什么样的关系？一句话来说，品质好的产品不一定都能成功引流，但引流成功的产品一定是高品质产品。顾客愿意尝试星巴克的新品，是因为在他们心中，星巴克新品是好喝的、安全的、特别的。而星巴克咖啡师的推荐是真诚的，也是最适合他们需求的。

活动策划

以前营销者常常挂在嘴边的话是“打个广告吧！”，而如今，营销者的口头禅变成了“做个活动吧！”。

毋庸置疑，活动策划是目前公认的参与度高、互动性强的引流方式之一。在传统思维里，电视、广播、报纸这类传播才能称为媒介，活动策划是作为另一种形式存在的。

然而，在引流时代，活动本身也是一种传播信息的介质。营销者通过活动，把消费者聚集在一起，调动大家的参与性，以此达成引流目的。

为了对活动策划有更详细的介绍，我们在这里对活动策划进行了分类。

线上活动

说起引流的线上活动，最火的当数每年春节的“红包大战”。没有任何活动能像“红包大战”一样，吸引数亿人员的参与，而且保持极高的活跃度。

支付宝和微信每年变着花样吸引用户参与红包大战中，不仅是为了热闹，更是为了吸引用户绑定银行卡。

据第三方统计机构发布的数据显示，通过红包活动，2015年春节期间，仅仅两天时间，微信就绑定个人银行卡2亿张。在此之前，没有采用活动引流的支付宝用了数年的时间才积累了上亿的绑定用户，活动引流的效果，可见一斑。

尤其在线上支付越来越方便之后，营销者就常常以各种活动的方式，给予客户一些优惠，吸引他们加入，并诱导他们传播。比如，用户如果想要获得滴滴的打车优惠券，就必须把优惠链接转发给朋友才能领取，而每次转发就会带来一次及以上的信息传播，由此，更多的用户被引进了系统内。

对于一些自身平台实力不够强的商家来说，与线上平台合作做活动也是一种可取的办法。比如前文提到的“我是花吃”与罗辑思维的合作，就是一种线上活动的模式。

线下活动

亲子活动、赛车比赛、展览会、论坛、主题茶话会、读书会、艺术展、体育比赛、公益活动、名人讲座、产品发布会、心得分享会等等，每个线下活动的目的，无一不是为了吸引客流。

在线下活动中，企业扮演着多种角色。

有时候，营销者就是活动的策划执行者。他们亲自设定活动项目，召集人员参加，负责活动的完成。

在龙堂国际青年旅舍，老板赵炜会召集到店住宿的客人参加旅舍自主策划的线下活动，比如一起骑行成都，穿越真正的老成都街巷，举办烧烤会等等。这些只对住宿顾客开放的活动，吸引了更多游客前来住宿。

成都某一商场，每周都会举办一些有意思的儿童演艺活动，比如跳舞比赛、唱歌比赛等等。这些儿童活动吸引了许多家长和小朋友的参与和观看，一方面为商场增加了人气，另一方面也给商场带来了许多消费。

除了直接策划执行，赞助线下活动也是企业常用的引流方式。比如体育赛事、公益活动、财经论坛等等线下活动，几乎都是由第三方平台发起和执行，由企业提供资金赞助的。

当然，赞助活动需要一定的财力支持，而为了节约成本，很多企业选择以报名参加活动的方式，达到引流目的。比如，在2016年成都双遗马拉松时，许多营销团队通过参加马拉松比赛的方式，打响了品牌旗号。

线上与线下融合趋势

线上与线下联动的活动，是营销者目前最常用的一种引流形式。在互联网普及之前，商家如果要举办线下活动，就会事先登报、播广播消息或者随机发传单，吸引消费者参加。而如今，线上招揽人气，线下举办活动，再把人群聚集到线上，则成为了新的引流路径。

在豆瓣同城上，熊猫邮局会不定时地召集换片活动。比如，熊猫邮局提供60至120张免费明信片，豆瓣网友可以提前报名索要。在换片活动当天，网友前往线下活动地点，一起在现场寄出熊猫邮局的明信片，这些明信片一般会寄给外地那些喜欢熊猫明信片的网友。

每次活动结束后，熊猫邮局都会把参加活动的网友以及接收明信片的网友们组建到微信群里，平时大家在群里讨论明信片的话题，有活动的时候又组织大家一起参加。

通过这种线上线下相结合的方式，熊猫邮局积累了越来越多的明信片粉丝，而且还得到了国外粉丝的青睐。

2015年6月，熊猫邮局赞助了一次线上活动。在这次活动中，熊猫邮局向明信片氛围浓郁的德国科隆寄出了120张明信片。科隆当地的活动组织者召集了一批明信片爱好者参加落地寄片活动，而其中有一部分明信片以公益的形式送给了残障儿童。

这次活动中，熊猫邮局的明信片漂洋过海，将爱心从成都传递到了世界各地。2015年12月，熊猫邮局的明信片被辗转寄到了印度，收到明信片的印度小朋友和当地居民拍下了手拿明信片的照片，经过层层传递，最终传到了熊猫邮局。

线上和线下联通的活动之所以流行，一是因为在碎片化时代，线上召集的力度比线下召集的力度更强；二是因为面对面的线下活动比线上活动的形式和内容更丰富多元。因此，两者结合，前后端各自发挥所长才能搭建引流渠道。

目前，不管是个人、企业还是媒体平台，都能通过组织活动助力引流。尤其对于媒体来说，不管是新媒体还是传统媒体，活动策划已成为它们竞争和创收的重要砝码。

新的趋势是，在摸索线上线下融合的模式中，已经有企业走在了前端，他们不仅在营销上进行线上线下融合，而且在生产方面也有了新的突破。比如海尔的“咕咚手持洗衣机”，就是应线上粉丝要求而设计生产的一款产品。

2015年3月，一位粉丝在微博给海尔私信说，有时候出差，需要洗衣服，但不太方便，是否能生产一款便携的洗衣机？于是，海尔亚洲团队把他的想法晒到了网上。微博发出之后，海尔很快收到了40000多条转发，6000多条评论。

应粉丝呼声，海尔新媒体部门找到海尔亚洲团队，提议两部门合作推出便携式洗衣机，一方负责生产，另一方负责运营。合作的前提是，新产品的外观形状、颜色、名字，都由新媒体征集网友意见来定。

紧接着，海尔在微博上发布了一个叫“我画个洗衣机”的活动，收到了将近3000幅作品，其中有100幅是非常专业的。在名字征集中，粉丝们最喜欢“咕咚手持洗衣机”，所以就采用了这个名字。

2015年4月24日，咕咚手持洗衣机在海尔官网接受预约，当天预约量突破40万，半年之内这款产品共卖了20万台，而且全是在微博上卖出去的。

在未来，像海尔这样采用线上线下融合的引流方式还会继续，线上和线下的界限会变得越来越模糊，甚至消失，有很多的创新玩法等待企业去挖掘。市场仍然存在，主要看你怎么去创新组合。

中等参与度的媒介：不能滥用

介于于高低之间，中等参与度的媒介一不小心就会陷入尴尬的境地。用多了被人烦，而不用又可惜。

可以说，中等参与度媒介的运用是最难把握平衡的。某种程度上，它们是新兴的媒介技术产品，但另一方面，它们似乎又没有脱离旧技术的束缚，或者说因为存在时间比高参与度媒介长，而且难以更新换代，导致它们处于不好不坏的状态，有时候有用，有时候又成为多余。

电话

在通信发达的今天，每个人基本都接到过推销产品的电话，有推销保险的，有推销手机套餐的，有推销贷款的……

调查显示，消费者对自己正在使用或使用过的品牌的推销电话接受度更高，当得知对方是自己熟悉的企业时，他们会更有耐心地听对方把话说完，而且态度更为和善。

但如果消费者接到一个陌生品牌的推销电话，就很可能很不耐烦地立即挂掉。

除了产品或服务推销外，目前企业常常通过电话进行消费者售后服务调查，定期询问消费者对产品的意见。一般来说，消费者对此类电话的接受度和配合度也比较高。

但如今，电话营销早就不是随便打几百个电话就能完成的简单问题了，从内容设计到人员培训，电话营销的技巧有很多学问。而最为重要的是，企业要做对电话营销的第一步，即精确找到愿意接听电话的消费者，毕竟，对于不想接听营销电话的消费者来说，只会对企业来电产生厌恶感，而不是好感。

电子邮件

在可以用以引流的多种媒介中，电子邮件看起来并不抢眼，甚至给人一种可有可无的感觉。但权威调查显示，电子邮件营销仍然发挥着比较重要的作用。

根据美国知名信息服务公司Experian（益博睿）的2015年第一季度数据显示，中国大陆占亚太地区所有邮件发送量的44.1%，打开率为10.5%，独立打开率为8.2%。

在中国，只有8%的受访人士表示他们不希望收到任何促销内容。从数据来看，中国地区邮件发送量大，但吸引用户打开的能力不足。

另外，Experian发布的《2015年亚洲区数字内容消费者洞察》报告显示，在中国，73%的消费者更喜欢在电脑上阅读电脑邮件，82%的消费者愿意通过邮件接受个性化的内容，高于短信（79%）和社交聊天工具（68%）。

在整个亚洲包括中国，近三分之二（64%）的受访人士表示曾因收到含有推销信息的电子邮件而购买了产品。

上述调查发现，亚洲其他地区消费者和中国的消费者在内容选择方面存在很大的不同，其他国家的消费者倾向于接受促销信息。

因此，了解中国消费者在内容选择方面的独特需求对企业以及市场营销人员尤为重要。调查结论提到，在数字领域越来越繁荣的现状下，手机端移动邮件、内容市场营销和投放的需求也变得越来越大。

在Experian的调查中，有一点特别需要注意的是，70%的亚洲区受访人群认为，邮件推广内容与个人无关。这就意味着，在内容的相关性上，营销者还有很大的改进需求。毕竟，与消费者个人无关的内容几乎等于无效信息，对引流没有丝毫帮助。对于引流来说，到达率和点击率都不是最重要的，重要的是客流。

搜索网站

在引流时代，消费者的信息搜索能力不容低估。当消费者有购物需求之时，他的第一反应不是去商场，而是在网上搜索。可以说，互联网的出现大大增强了消费者主动搜索消费的能力。

买衣物的人可能会先在淘宝搜索，买电子产品的人可能习惯去京东，喜欢团购的消费者会去聚美优品，想吃美食的顾客会去大众点评或美团网搜索。又或者消费者会用百度搜索一下关于商品的一些介绍，这些介绍可能在其他某个独立的网站上，此外，关于产品的一些新闻或者帖子，也都有可能被消费者搜索到。

除了第三方网站之外，企业网站也是搜索网站的一类。不过，在消费者目标并不明确的情况下，不会在一开始就搜索某个特定企业的官网。只有当消费者知道了这家企业，并想对企业或产品进行更全面地了解时，他们才会搜索企业官网进行浏览。

更多的时候，懂行的消费者会点击进入细分行业的网站进行搜索。比如，想搜索旅游产品的消费者就会先在蚂蜂窝、途牛、去哪儿等旅游相关的网站上查找与旅游目的地有关的信息，这些信息可能是一篇游记，也可能是关于旅游的一些活动。

经过层层筛选，消费者才会确定旅游路线，做好吃住行的消费安排。也就是说，不管是旅行还是其他，如果某个商家的产品出现在消费者的目标搜索范围内，那就有可能会被消费者选中。

2015年1月，小缪和两位伙伴计划完成从成都到丽江的自驾旅行，途中会经过昭通、大海子、东川红土地、鸡公山、红河、西双版纳等风景优美的地方，领略梯田、星空、森林的魅力，感受沿路的风土人情。整个旅程为期九天，而小缪会在携程旅行网上进行图文直播，这样新颖的游记形式吸引了许多旅行爱好者的同步关注。

熊猫邮局的宣传人员在获知小缪的旅行计划后，与小缪取得了联系。随后，小缪将成都的出发地点定在了成都少城路上的熊猫邮局门店，并决定为投票支持他们旅行而且在游记下方留言的粉丝寄出一张印有熊猫邮局独特印章的“成都味”明信片。

小缪的旅程虽然在短短九天后就结束了，但整个过程却以游记的形式留存下来。当人们搜索关于成都、大理、丽江或者西双版纳等相关的信息时，就有可能搜索到小缪的这篇游记。

这样，在一年左右的时间里，这篇游记就有了超过25万次的点击率和数百条留言。而看过这篇游记的人，一开始就会注意到作为出发地点的熊猫邮局。这时候，去熊猫邮局寄明信片就有可能成为他们旅行中的活动之一。

通过搜索网站引流已经成为了一种常用的营销方式，但需要注意的是，如果在搜索网站上发布虚假信息，是会受到消费者“惩罚”的。

比如，某酒店在多个旅游网站上发布了广告信息，包含酒店的卧室、浴室、不同的户型照片等等。然而，当消费者预定后到达酒店入住时，才发现真实的场景与照片完全不符，环境差了很多。

于是，消费者在网上评论，揭穿了酒店的“谎言”，看到留言的其他消费者，自然也不会再预定该酒店了。

在互联网营销领域，这样的案例还有很多，消费者们通过差评、发布文章等方式，还击不良商家，并约束其他商户诚信经营。

网络视频

在本书中，网络视频不以网站类型分类，而是泛指一切能在网络上播放的视频节目。2005年前后，土豆网、优酷网等视频网站陆续兴起，网络视频就一步步进入了大众视野。十年时间，网络视频行业经历过繁荣，也陷入过泥潭，很多公司死掉了，很多新公司又接着流行。

不管网络视频公司是活着还是死去，网络视频这种媒介形式始终存在，并且不断迭代更新。

如今，网络视频分布在了各种不同的终端软件上，比如爱奇艺视频、搜狐视频这类综合性视频网站，哔哩哔哩弹幕视频、秒拍视频、斗鱼直播这类细分领域视频网站，或者在微博或者微信上也能发布网络视频。

相较于大众化的电视节目，网络视频的内容更加丰富。由于网络空间存储容量极大，网络视频的栏目和内容容量是普通电视节目无法比拟的，观众可以在网络上看到很多电视台看不到的视频节目，而且可以随时重播。

另外，网络视频比电视节目更加个人化。我们可以观察到，网络上有很多个人视频，比如小咖秀，满足了普通人模仿明星的表演欲望，比如网络视频红人papi酱，就是以个人表演的视频内容吸引了众多粉丝。

最开始，网络视频和电视节目一样，都是通过在节目播放前或播放间隙插播广告获利。目前，这样的网络视频广告形式虽然仍然存在，但却早已失去了强迫观众观看的绝对权利。通过购买网站会员，观众就能跳过这些插播的硬广告。

此外，网络视频也跳脱了对电视节目的依赖，推出了越来越多极具个性化和独特性的网络视频节目，比如网络自制剧、微电影等等，汇集了大量观众的同时，也吸引了广告主的目光。

现在，营销者不仅可以以赞助的形式在某个视频节目里打广告，还可以自制微视频发布，一些精彩的视频内容让消费者不仅看了广告，还为它点赞。

值得一提的是，秒拍等网络软件的发明，激发了个人自制视频节目的热潮，全民拍视频的模式使视频网站在一定程度上摆脱了传统广告的束缚，毕竟，通过用户制作和点击播放产生的流量也有钱可赚。

当然，一些已经栏目化的视频节目，不管是网站自制还是个人自制，也需要广告的资金支持。比如一些个人直播秀节目，除了粉丝赠送有价值的礼物外，主播也会收取商家广告费，向粉丝推荐一些广告产品，以此达到盈利的目的。

新兴的直播、秒拍等视频节目，与网络视频又有所差别，这些媒介的进入门槛低，个性化更突出，但数量也更为庞大。尽管如此，相信能成为大V，以此获取更大流量的平台，一定是那些拥有持续原创内容的平台。

必须强调的是，在引流时代，点击率最高的网络视频节目并不一定就是最好的引流渠道。试想，如果脑白金选择在最火的游戏直播平台上打广告，会有人关注吗？

低参与度的媒介：在衰退中转型

由于存在时间长，低参与度的媒介类型其实有很多。在新媒体席卷之下，很多人说，传统媒体已难挽颓势，只能垂死挣扎。但实际上，在经过多年的转型之后，传统媒体或者以新的方式发挥着引流作用，又或者演变成其他的形式生存。

低参与度媒介的受众较分散，使用效果也的确在减弱，但它们的新形式值得关注，比如报纸的软文功能、电视广告植入的新方法等。此外，有意思的是，此前一些不受重视的低参与度媒介开始发挥更大的作用，给人以意想不到的效果。

报纸

对于报纸来说，广告满天飞的时代已经过去了。昔日的辉煌，一去不复返。如今，除了奢侈品、房地产偶尔在报纸上做个半版或整版硬广之外，其他企业已经很少在报纸上以广告的形式露面了。

虽然，在互联网时代，单纯投放硬广的商家已经少之又少。那么，报纸广告就不用投放了吗？不是的。需要强势宣传品牌信息的商家仍然可以在报纸上做硬广，但你要确定你的目标客户会从报纸上看到消息。

在硬广之后，报纸软文成为了新的广告形式，也更受到企业的青睐。尤其在商业网站尚未获取采访权的时候，网站虽然信息传播率高，但却存在无法自主采访的硬伤。也就是说，网站的内容得从传统媒体上转载或整编，那么，企业就需要先通过传统媒体发布信息。

2012年，营销者在推广褚时健种的褚橙时，就曾借助了报纸的力量。当年10月27日，《经济观察报》刊登了《褚橙进京》的稿件，文中通过采访褚时健、到访褚橙基地，向公众发出了褚时健70多岁种橙，计划在北京销售的信息。一时间，这篇文章在网络上被各网站疯狂转发，褚橙因此一炮而红。

不仅是在北京，褚橙在成都、云南、重庆等地的第一波热潮也是从报纸开始的。2012年中旬，褚橙在成都的营销者“i有机”农业联合成都几家媒体，发布褚橙的相关信息。如：《哀牢山中种“褚橙”九年》《“烟王”褚时健70多岁出狱》《85岁又成亿万“橙王”》，将褚橙风吹到了成都。

这些首先刊登在报纸上的稿件，既是新闻稿，也同时宣传了褚橙产品，经过网络传播的发酵后，引发了消费者的购买潮。目前，也许报纸并不是信息传播最快最广的渠道，但报纸的权威性和引爆力仍然应当被重视。

值得注意的是，软文投放一定要遵守法律底线。目前，有的报纸媒体为了获取广告收入，恶意报道某些公司的负面新闻，使其商誉受损，以此要挟企业投放广告。同时，有的企业虽然没有引流或者营销需求，但为了防止报纸采写负面新闻，也会在报纸上投放大笔广告。但是，这样的方式已经违背了引流的本质。

电视

从“只要998”这类口号的叫喊式电视广告、电视直销，到电视剧广告插播，再到电视栏目推荐、电视节目冠名赞助、电视剧广告植入，这些通过电视广告引流的方式也经历了诸多变化。

最明显的变化是，插播广告已经无法将商家信息强势地传递给观众。因此，为了长时间地与观众达成联系，节目冠名和电视剧植入成为了新兴的电视广告形式。

2015年，《神犬小七》电视剧在湖南卫视热播，剧中的几位主角常常吃一款鲜花饼。由于这款鲜花饼出镜率比较高，引起了观众的注意。有感兴趣的观众就在网上搜索“神犬小七同款饼干”，结果发现是一款名叫“我是花吃”的云南鲜花饼。

而实际上，这是该品牌在电视剧的一次广告植入，便成功引发了消费者的搜索购买。在京东商城上，“我是花吃”产品的介绍页面就注明了《神犬小七》食品类唯一赞助品牌的身份，并被归为影视类衍生产品。

一般来说，冠名赞助或者植入电视节目需要投入的费用会比较多。而随着电视节目的多元化，商家也有机会小成本地加入到某个节目的拍摄过程中。

尤其是在某个电视节目的开创初期，节目本身就需要寻找好的素材。如果你的产品正好符合节目需求，也能够低成本甚至零成本地在电视上露脸，甚至还有机会享受到客流从四面八方涌入的感觉。

以知名纪录片《舌尖上的中国》为例，随着节目的热播，节目里拍摄的店家产品也火了起来。2014年4月，《舌尖上的中国2》播出后，参加节目拍摄的面馆、火锅店、木榨油坊等等商家一夜之间爆红。

比如，杭州菊英面馆的食物故事在《舌尖2》播出后，平均每天的销量从300碗暴涨到600碗，销量最好的一天卖了780碗，而且这样的好生意一连持续了一两个月。

重庆晓宇火锅也是如此。《舌尖2》相关专题节目播出后，这家火锅店从日均100桌的销量攀升至200桌，并且很快就在其他城市开了加盟店。

再以“我是花吃”产品为例，2015年，品牌创始人肖建在朋友的推荐下参加了央视财经频道的《创业英雄汇》节目，在节目现场，肖建精彩的演讲和对答得到了嘉宾的认可，获得了一笔融资支持，并且把好看好吃又浪漫的创意鲜花美食理念传递给了观众。

对于规模不大的商家而言，找机会参加一些与自身气质相符的电视节目，对于引流也许会有意想不到的好处。然而，事情都有两面性，在电视上露脸也并不意味着一定会带来好事。

曾经有一段时间，一些美食节目会在电视上推荐当地美食，经过推荐的店铺在节目宣传后名气大了，也吸引到了更多的消费者进店消费。然而，随着这类节目越来越多，也越来越商业化，推荐店铺的品质就渐渐地难以达到消费者要求。这样一来，美食节目的信誉度受损，推荐效果也就大打折扣。

当大街上遍地都打着某某节目推荐美食的招牌时，消费者其实是看不到这些招牌的，甚至会主观认为这是店家花钱买来的推荐。于是，不喜欢被广告的消费者就不会进入这家店消费。

电台

与电视广告发展类似，叫喊式的广播广告早已过时，节目冠名和节目植入式广告成为了目前广播广告的主打模式。常见的现象是，对于一个一边开车一边听广播的受众来说，他会自动屏蔽广播插播广告，但他却会留心广播节目的内容。

因此，受众会更容易注意到节目主持人亲切推荐的企业品牌、产品或服务，当主持人讲话的时候，他们的信息接收渠道是开通的，不管是节目内容还是广告信息都会溜进受众的耳朵里。久而久之，企业信息就被受众的耳朵记住了，才有可能引发后续消费行为。

如今，广播节目已经不再局限于以收音机为接收终端。随着移动互联网的发展，出现了一大批通过手机App播放的电台，比如豆瓣电台、蜻蜓电台、咕咕收音机等等。这类电台不仅发挥了传统收音机的作用，同时，也有越来越多的细分电台节目，在这些平台上生存。

以往，一个电台有很多种类的节目，比如早间新闻、下午音乐、晚间故事。但如今，一个节目就可以是一个电台，只要节目内容精彩，就算不随时更新，也会积攒到很多忠实的听众。

于是，这类细分的广播节目在分散听众注意力的同时，不仅分走了传统电台的广告主，也吸引了一些新广告主的投放。

以迷笛音乐节为例，该音乐节除了在豆瓣网站上建立了小组、小站，发布迷笛相关话题之外，还赞助了豆瓣电台的一个品牌频道，音乐爱好者可以在迷笛的音乐频道内听到许多好听的歌曲。这样一来，迷笛就无声无息地传递了品牌价值，也收获了喜欢迷笛音乐的一众粉丝。

目前，在荔枝电台、蜻蜓电台、喜马拉雅电台等平台上，有许多的图书作品通过主播们的声音传递到听众的耳朵里，很多熟悉的国内外作品，比如《异闻录：每晚一个离奇故事》《鬼吹灯》《何以笙箫默》等等，都以有声书的形式出现在大众面前。这种形式有两个好处，一方面，图书的生命力得以延续，另一方面，部分听众从电台听到图书阅读后，会产生购买行为，成为新的流量。

杂志

2015年12月，《瑞丽》杂志宣布其品牌旗下的《瑞丽时尚先锋》将于2016年1月起停发纸质版刊，只保留电子版并发展电商业务。

几乎同一时间，《外滩画报》也宣布将会停刊，全面转型做新媒体；美国国际期刊出版集团康泰纳仕对旗下两本时尚杂志《GQ》和《Glamour》进行了裁员，并宣布旗下男性杂志《Details》也将停刊。以上都是国内外风靡一时的纸质杂志，现在却不得不关停印刷制品。

有分析认为，知名杂志相继关停，与杂志广告收入关系颇大。

《GQ》裁员的原因之一就是《GQ》的平面杂志广告锐减，数据显示，《GQ》平面广告从2015年1月至9月下降了17.6%，而单页广告销量也同期下跌了28.3%。

不仅时尚类杂志陷入困境，其他类型杂志也是如此。由于互联网的冲击，杂志失去了一部分订阅读者，读者群体发生了转移，广告成本却在不断增加，广告商不得不减少对杂志广告的投放。数据显示，2015年的Vogue九月刊中，有1289个广告主投放了广告，同比下降了2.3%。

即便是不缺钱的汽车厂商和奢侈品品牌也不愿意死守杂志广告了，一位汽车杂志广告营销人说，广告主宁愿在一个汽车公众号上打广告，也不再愿意花钱买一张精致的广告页了。

尽管如此，一家发行量可观、读者群体特征明显的杂志仍然具备广告价值。只是，能保存实力或者创造新高的杂志越来越少了。和报纸一样，杂志读者的流失已是不争的事实，另外，其保存时间长久的优点也在逐步弱化。目前，还有一些导购网站正在代替时尚杂志的角色，为消费者提供更便捷的选购引导服务。

价值手册

对于营销者来说，手册并不陌生。但什么是一本有价值的手册？其实，营销者有很多办法来打造一本价值手册。首先，当然是制作精美，但最重要的是手册内容具有价值。一本有内容价值的手册，不仅是在传递企业品牌、产品信息，更会让人有精神收获。

2014年，褚橙成都地区的营销者“i有机”公司在每箱褚橙内附赠一本名为《褚时健传奇》的手册。这本32开的手册以橙色为封面色，内文排版简洁大方。

重要的是，其编排的内容非常吸引人，分为了《最牛的橙子》《王石对话褚时健》《褚时健如是说》《大佬眼中的褚时健》《媒体看褚时健》五大章节，而且还在文末提供了数字阅读地址。

可以说，购买褚橙的大多数人对褚老本人有着强烈的好奇心，他们想知道褚老更多的故事。“i有机”这本免费赠阅的《褚时健传奇》手册，正好满足了消费者的求知欲。

消费者可以一边吃橙子一边花几分钟时间读完这本小册子，感受褚时健精神的可贵。与此同时，消费者加深了对“i有机”品牌的印象。当他们想到褚橙的时候，会想到“i有机”这个品牌。

传单与海报

2002年，成都创业者赵炜在宽窄巷子创立了龙堂国际青年旅舍。创立初期，旅舍会在一些当时知名的贴吧上发帖，吸引背包客、徒步旅行或登山爱好者进店住宿。

经营到2009年的时候，赵炜连续两年都花好几个月的时间背着背包去往全国各地的青年旅舍，包里放的全是自家旅舍的DM宣传单和海报。每到一家店，他会和老板商量好，把DM单和海报放到这家店里，一来一往，他也认识了许多业内同行。

就这样，通过到全国各地发传单、海报的地推方式，赵炜将成都国际青年旅舍推广到了全国各地。当年，像赵炜这样一步步地推的商家还有很多，张贴海报和发DM单是他们常用的引流媒介工具。

如今，好几年过去了，传单的使用率越来越低，有的演化成顾客问卷调查的形式，而海报也经过了不断的升级换代。多数时候，传单海报已经无法作为唯一的引流方式，只能作为辅助手段继续使用。

图书

近年来，越来越多的企业认识到，图书出版可以作为企业品牌宣传的一个重要媒介工具。

小米科技联合创始人黎万强曾写作出版《参与感》一书，揭秘小米产品和营销秘诀，该书在三个月内就销售了数十万本，并且受到读者持续好评。相信每个看了这本书，认同小米理念的消费者，会对小米的产品抱有好感。

对于小米的忠实粉丝而言，他们会更加坚定地拥护这个品牌，小米则能够保持原顾客群体。而对于没有使用过小米的消费者来说，当他看了《参与感》，并且产生了相同的理念之后，也会在有需要的时候考虑购买小米的产品。

除了小米之外，万达集团出版了《万达工作法》《万达哲学》，京东出版了《创京东》，SOHO创始人潘石屹则前后写作出版了《我的价值观》《既要成功，也要成仁》《我用一生去寻找》等图书，在表达企业价值理念的同时，得到了更多消费者的认同。

图书是最具保存价值的媒介之一，它能让读者在阅读中慢慢产生与作者相同的价值观，建立起精神上的连接。因此，它能达到其他媒介难以实现的效果。

然而必须指出的是，有的企业或企业家抱着出名的心态，也出版过图书，但却与市场需求不符，难以得到读者的认同，从而浪费了巨大精力，赔了夫人又折兵。最终，这些不被市场认可的书籍还可能给品牌带来不好的影响。

其他物件

在引流媒介的研究中，我们发现，有一些不起眼的配件或者礼品反而能发挥不小的作用。比如，有一家名叫Cake Plus的蛋糕店，在配送蛋糕的同时会向客人赠送刀叉。和其他蛋糕店不一样的是，这家蛋糕店赠送的刀叉是银质的，外形美观精致，很多顾客用过之后会将刀叉保留，有时候会发个微博和朋友们分享下精美的蛋糕和质感高级的刀叉，甚至有顾客为了多要几套刀叉再次订购蛋糕。

再如，2013年褚橙季的时候，“i有机”公司在每箱褚橙里放了两个剥橙神器。顾客用这种简单的工具，能够轻松地把橙子剥开，又快又不脏手。这样的小物件成本很低，却引来了消费者的追捧。有的消费者为了多要几个剥橙神器，又再次在“i有机”购买了褚橙。

这些创意做法，不仅吸引了顾客的再次购买，而且将品牌贴心服务的精神送达了消费者内心。与其类似的，坚果品牌网店“三只松鼠”在产品内还会附赠纸巾、吐壳袋、剥壳器等物件，为顾客提供尽可能周到的服务。

这些做法，无不是为了给引流加分。新顾客会因为某家店赠送了他所需要的小物件而决定购买，老顾客会因为店铺持续的贴心服务而忠诚于品牌。

实际上，赠送小物品这些做法并不新鲜，但营销者把老方法玩出了新花样，才得以成功引流。

在引流研究中，我们注意到，一些改良的办法也能起到不错的作用。比如，一位营销者在工作中发现，每当他把名片递给顾客的时候，很少有顾客会保存下来。于是，他把名片设计成了可以裁剪的形式，上面既有公司和个人信息，又有产品折扣券，收到卡片的顾客可以剪下折扣券来店里使用。由此，店里又多了一些收到卡片前来消费的顾客。

在新时代，引流媒介发生了变化。盲目开辟引流媒介通道的行为绝不可取，引流者需要做的，是在研究消费者的基础上，做到有的放矢。

对于高参与度的媒介，学会互动学会玩是最重要的，这些媒介看似小巧简单，但玩起来却各有学问；对于中等参与度的媒介，并不适用于所有商家，在采取使用之前，要考量你的消费者是否在媒介的另一端，不然就会吃力不讨好；对于低参与度的媒介，如果能够挖掘一些不起眼的新媒介，也许能带来引流惊喜，而对于报纸、电视、电台三大媒体来说，它们在转型中的新引流方式也值得关注和尝试。

第五章

时机引流

一个股民碰到了上帝，上帝问他有什么愿望。

“我想赚钱。”股民脱口而出。上帝听完，拿出了一张A股的市盈率变化图，然后对他说：“赚钱很简单，看看这张图，你在绿色区域买入，红色区域卖出就赚钱了。”

股民说：“如果绿色区域一直不出现，怎么办？”

上帝说：“等待。”

不管是炒股还是创业，没有人会否认时机的重要性，但是时机这个无形的存在又常常被人忽略。

古诗有云：“花开堪折直须折，莫待无花空折枝。”

诸葛亮说：“万事俱备只欠东风。”

而股神巴菲特说：“我大部分的时间是在等待时机。”

什么是引流时机?

苏轼说:“来而不可失者,时也;蹈而不可失者,机也。”在现代社会,所谓时机,就是时间和机遇的总称。时间是流动的,而机遇则是流动中的一个节点。在流动的时间中,抓住相对静止的节点,时机就在此时出现了。

古往今来,时机都是一种让人琢磨不透的东西。首先,它具有滞后性。身在时机中的人,或许没有意识到时机就在身边;而抓住了时机的人,往往是在时机结束了才发现曾经拥有;错过时机的人,更是为时机的流失遗憾不已。

其二,时机的时间长度不定。有人说,时机总是稍纵即逝,因此很难抓住,机不可失,失不再来。有人说,时机是可以创造的,没有时机,创造时机也要上。

其三,时机极具个性。不管是好时机还是坏时机,没有人能说得清楚时机到底是什么样,往往是时机过了之后,人们才能够总结一两点时机的特征,而且时机的个性色彩浓重,很难抓住共性。

那么,在引流过程中,时机扮演着怎样的角色?

消费者调查、媒介传播调查等等,都是引流的前期准备,也可以形容为“万事俱备”,而引流时机就是那一阵“东风”。普遍的看法是,如果没有时机,事情也许也能成功,但一旦有了时机,事情就会顺利很多,甚至收获意想不到的结果。

因此，有人会犯本末倒置的错误，不做丝毫准备，只是死等着时机的出现，结果一事无成，比如守株待兔里面的农夫。在引流过程中，“守株待兔”的农夫也不止一两个。营销者总是很郁闷，“为什么我们总是没有跟对时机？为什么别人想到了我们没有想到？”

如果要用时间流程来描述引流，消费者调查、媒介传播调查是引流的开端，而时机则是引流的行动开关。时机一到，立即行动，将客户引流到企业。

借时机引流

很多人认为，最好的时机都是等待的结果，这样的时机往往成本低、效果好，甚至有可能是“百年难遇”的绝佳机会。而实际上，这样的好时机，不仅仅是等待的结果，还综合了运气、大环境、个体等等多方面的因素。

正如一些明星的成功一样，在一部热播剧推出后，男主角火了，人们羡慕他“一炮而红”，却常常忽略了他个人的努力以及当时所处的社会环境因素。

世上没有说成就成的事情，也没有说来就来的引流时机。不过，世上的确有一些引流时机，是可以通过经验捕捉到的。对于这些可以预见的引流时机，商家们更是不遗余力地去追踪。

有人认为借外界时机营销引流是一件简单的事情，这种观点是片面的。实际上，借时机引流并非看起来那么简单，它和自己创造时机一样，考验着营销者对时机的敏感度、判断力、联想力、反应能力等综合素质。

在市场中，时机无处不在，它在不同的时间以不同的形式出现。接下来，我们以节日、社会新闻、娱乐新闻为三大可以预见的常见引流时机，对其进行解读。而其他更多特别的时机，需要营销者以更敏锐的眼光去挖掘，去尝试。

节日

每年的春节、国庆，西方的圣诞节、情人节，都是商家们疯狂引流的时机。

虽然常常被客人指责为“过度消费节日”“将美好节日商业化”，但商家们仍然不会放弃节日的引流时机。有调查表明，过节的时候，人们的心情会比较愉悦，对商品的接受度会明显提高。同时，节日总是与赠送礼品相关的，对礼品的需求会增大。因此，商家在节日时期引流，是一个十分可取的办法。

但是，引流归引流，是否成功就是另外一回事了。为什么大家都在节日营销上花了心思，却有的效果好，有的效果差？其实，造成差异的原因与引流的媒介工具有关（前面章节已有阐述），而且，与用以引流的内容也有关（下一章将展开阐述）。

也就是说，节日时机是没有好坏之分的，用得好就能达到期望效果，用得不好就让人失望透顶。

而且，随着社会的发展，除了一些固有的节庆外，人们还经常把普通的一天过成“节日”。比如，特别冷（热）的一天，某周播剧播放的那天，又或者是秋叶黄了的一天。这些不定时的“节日”，无形中带来了更多的引流时机。

在引流时机方面，两性健康品牌杜蕾斯一向被外界称赞。不论在营销界，还是在消费者群中，又或者在其他企业眼中，杜蕾斯每一次对引流时机的把握都堪称完美。

每当有热点话题出现的时候，人们甚至会对杜蕾斯的现身有所期待，想去看看它会怎么追踪热点。因此，在时机引流这一章节，我们会比较频繁地使用杜蕾斯的引流案例，让读者们对引流时机有更直接的认识。

在节日时机的追踪上，杜蕾斯也堪称引流模范。比如，中秋节的时候，杜蕾斯官方微博发消息：“千里共婵娟，佳人变家人，怎能少了杜蕾斯？”而在世界邮政日，杜蕾斯则文艺十足地说：“#世界邮政日#从前的车、马、邮件都慢，一生只够爱一个人。”并配以“Durex”（杜蕾斯）品牌名的图片。

世界邮政日这样“冷门”的节日，杜蕾斯都能应时引流，那么像情人节这样的高关注度节日，更是少不了杜蕾斯的参与。2014年情人节时，杜蕾斯发了一组宣传图，写有“走好几个星球的寂寞长途，只因为想给你，一个抱抱”“只要我一发呆，你的样子就钻进我的脑子里，见鬼，以前我的脑子里，可全是吃的啊”等等甜蜜的话，并在图片中标志了杜蕾斯品牌。

不仅如此，杜蕾斯在情人节还推出了多款与节日相关的产品，用不同的包装呈现给消费者，吸引消费者购买。通过微博这个引流媒介工具，适时抓住节日时机，并且设计出节日主题产品，杜蕾斯的这些举措不仅引来了微博粉丝流量，也增加了产品销售的现金流。

谈起节日引流，有一个经典案例值得一提，那就是百事可乐在2016年猴年的新春广告。虽然百事可乐每年春节都会发布明星拜年的节日广告，但猴年的时候，百事可乐别出心裁，邀请了86版《西游记》孙悟空的扮演者六小龄童，拍摄了一则六分钟的短片，讲述“猴王是如何炼成”的世家故事。

这则充满情怀的暖心广告，一发布就受到了网友的关注和点赞。尤其在得知六小龄童不会参加猴年春晚后，这则广告更是成为了观众心中的一种慰藉。

网友们评论称，“热泪盈眶地看到末尾，发现是个广告”、“百事打了N年的春节广告，终于出了个好片子。”除了在微博、网络视频网站上发布这条微视频广告外，百事还在微信投放了一支8秒的朋友圈视频广告。一时间，百事官方微信关于这则广告的文章阅读量超过10W，轻松刷爆朋友圈。

除此之外，百事也顺应节庆推出了猴王纪念罐的新包装产品，在京东商城限量销售50000罐，“饥饿营销”的做法又掀起了一股抢购潮。

可以看到的是，随着消费者的需求越来越高，百事可乐品牌在节日引流上得花更多的心思，想出更多的创意，才有可能调动消费者的参与感，才有可能变得不一般。

社会热点新闻

从新闻价值的评判标准来说，真实性、接近性、新鲜性、重要性、显著性、趣味性这五大价值标准一般会集中地体现在社会热点新闻里。

也就是说，一件社会热点新闻，最有可能将新闻价值的五大特性以较高的强度集合到一起。而其他的新闻类型，比如财经新闻、人物新闻、行业新闻等，则不如社会新闻那样，能大范围地引起人们的共鸣和关注。

中国新闻学者甘惜分在《新闻学大辞典》中对社会新闻的定义如下：

社会新闻是指反映社会生活中体现社会伦理道德的事件、社会风气、社会问题、民俗风情以及自然界和社会上的奇闻异事的新闻。社会新闻的题材十分丰富，主要有：

1. 赞扬社会生活中的好人好事、新道德、新风尚；

2. 揭露坏人坏事、歪风陋习；

3. 恋爱、婚姻、家庭问题；

4. 民事、刑事案件；

5. 社会秩序、交通安全、环境保护；

6. 人际关系；

7. 社会知名人士的活动和生活；

8. 社会习俗、风土人情；

9. 人口就业、市政建设；

10. 天灾人祸、自然界的奇异现象、动植物趣闻等等。

从上述定义中可以看到，社会新闻包含的新闻价值和涉及的广度是远超其他类型的新闻的，正是因为这样的特性，使得社会新闻更容易引发广泛的关注和讨论，成为热点。

简单来说，在一个时间段里，人们集中讨论的一则社会新闻，就是我们所说的社会热点新闻。比如5.12汶川大地震、北京奥运会、诺贝尔奖、二胎开放等等。

而在引流过程中，一则社会热点新闻的发生，也许就是一个恰好的引流时机。

微博有一个词叫作“蹭热搜”，而对于营销者来说，把握时机蹭热门社会新闻也是一种引流技能。

2011年，投资界某知名人士发微博称决定与女性友人“私奔”，一时引发众议，成为了热门社会新闻。此事发生后的第二天，杜蕾斯发布一条微博：“私奔需要3样东西：杜蕾斯、现金、一起私奔的他/她。”

玩笑式的语言引发了网友的再次讨论和关注。

同样是2011年，北京地区遭遇一场大雨，引发了大量关注。这时候，杜蕾斯营销团队想出了将杜蕾斯安全套套在鞋子上防雨的创意。

但杜蕾斯营销团队当时无法准确预测网友们对此的反映（有可能喜欢，也有可能反感），于是为了保险起见，先用一位公司员工的私人微博账号发了一条引流消息。并且还配有三幅图片，演示了用杜蕾斯安全套做防水鞋套的整个过程。不到两分钟，这条微博就被转发了100多次。

营销团队发现试水效果不错，就在微博上转发了员工微博，并评论称：“粉丝油菜花（注：有才华）啊！大家赶紧学起来！！有杜蕾斯回家不湿鞋~”

在微博网友的热追下，这条微博一小时内就转发过万条，一周时间，员工微博发布的该条信息被转发超过9万次，官网消息也被转发了过万，评论也超过万条。由此，这条微博信息以极高的关注度和粉丝持续活跃度，位居微博一周转发榜首。

而对于杜蕾斯来说，仅仅是蹭热门社会新闻发布了一条微博，就吸引了更多新粉丝的关注，宣传了产品品质，并且成为了新的热门话题，可谓是“一石多鸟”。

2015年9月9日，英国女王伊丽莎白二世打破了维多利亚女王在位的时长记录，成为了英国历史上在位时间最长的君主。

当时，不少企业品牌便抓住这次千载难逢的时机，纷纷在社交网络上发布与女王有关的故事，再用#longestreign#（最长任期）的标签参与到网友们的讨论中。

比如，啤酒品牌嘉士伯就把原本的广告语“可能是世界上最好的啤酒”改编成了“可能是世界上最好的统治”，并制作成广告海报发布在推特上，底下附上了一行为女王庆祝的话：“这杯酒敬你了，亲爱的女王。”

这张美丽的海报信息被网友们纷纷转发，并附以“这杯酒敬你了，亲爱的女王”这样的评价。

娱乐话题

在狭义层面上，娱乐是指影视明星以及影视作品的相关新闻，包括明星八卦、新戏杀青等。而从广义来讲，社会名人的趣闻，以及不能称作新闻的话题事件也属于娱乐话题的范围。比如2016年曾经引发网友广泛参与和讨论的“A4腰”“友谊的小船说翻就翻”，又或者某个企业家的一句金句受到网友关注等等。

这些一句话热门话题，常常以迅雷不及掩耳之势攻占人们的闲暇生活，形成大家竞相参与和追逐的热点。

当然，如果不能创造热门话题，那就不要错过蹭热门话题的时机。

2014年，韩寒导演的电影《后会无期》上映时，杜蕾斯将电影海报的名字改为《后会吾妻》，并写道：今夜，好戏上演……其一语双关的表达方式，引来了网友们迅速围观。

某日晚，一位微博红人发了一条恶搞微博称：“今晚一点前睡觉的人，怀孕。”杜蕾斯营销人员发现了这条微博后，评论：“有我！没事！”

由于其特殊的身份，这条评论迅速引来了这位微博红人的回复并转发，两人又互动了一把，顺势吸引了近万次转发。据称，仅凭这次微博互动，杜蕾斯就增加了3000个新粉丝。

2015年，《小时代》电影系列推出了终极版。此时，由探谷投资推出的Vvin红酒借《小时代》上映时机，推出了Vvin品牌“闺蜜酒”系列，将微红酒与电影人物相结合，设计了一系列不同人物代表的微红酒产品。

伴随着《小时代》在全国上映，Vvin微红酒以该电影指定红酒的身份在京东众筹上发起了“看小时代，品微红酒”的活动，并成功获得了近700位粉丝累计50000多元的产品购买支持。

另外，该品牌红酒在全国五个城市举办了贴近电影主题的“最闺蜜”落地活动。报名参加活动的粉丝仅需购买两张电影票即可四人观影，还能获得珍藏版微红酒纪念礼盒。

由此，Vvin微红酒抓住了电影上映前后的时机，打响了品牌知名度，使“闺蜜酒”的形象深入人心，同时吸引了一批年轻女性客户的支持。

三种方式制造时机引流

饥饿营销

成功的人总是说，最好的时机都是等来的，是水到渠成的，刻意制造时机的效果比不过等来的时机。然而，在这个快节奏的消费社会，只是等待时机就太过被动了，因此，营销者们总是费尽心思制造各种各样的时机，为了开启引流的程序。

饥饿营销，就是一种备受争议的时机制造手段。关于饥饿营销的定义，国内存在许多不同的表述。由于这是个新兴词汇，具有网络化特征，因此它在学术上并没有非常严谨的定义。

目前，一种比较受认同的理论表述是："饥饿营销"是指商品提供者有意调低产量，以期达到调控供求关系、制造供不应求假象、维持商品较高售价和利润率的营销策略。同时，饥饿营销也可以达到维护品牌形象、提高产品附加值的目的。

简单来说，就是营销者为了促进销量，为了营造出产品火爆的现象，有意控制产品产量，达到供不应求的状态。正因如此，很多消费者对饥饿营销抱有敌意，认为这是营销者故意为之的伎俩。

然而，尽管如此，还是有消费者愿意为之买单。在这个方面，美国的苹果公司和国内的小米公司，称得上是成功典型。

苹果公司的饥饿营销在全球都是公认的，公司推出新品后，不会同时在全球发售，而是选择几个国家首发，然后逐渐开放至其他国家。在新品发布前以及逐步推广的过程中，没有机会买到首发产品的粉丝总是翘首以盼，焦急地等待产品上市那一天。毕竟，在消费者眼中，物以稀为贵。与此同时，抢购苹果产品的新闻在全球传开，甚至成为全球关注热点。

的确，苹果产品的品质是一流的，这让它得到了全球粉丝的热爱，但它每次发布前后传播的消息，更是大大激发了消费者的购买欲。

可以说，消费者们总是期待着苹果打开时机开关，以便他们顺利获得商品。因此，在外人看来，苹果公司的引流总是不费吹灰之力，达到了不引自来的绝佳效果。

而在中国，小米公司也一直被认为是饥饿营销战略的实行者，创始人雷军也被人称作“雷布斯”。对于小米饥饿营销这一话题，雷军一直是持否认态度的，并认为这是一个伪命题。

然而，高配置、低价格、限量预约发售，这样的销售办法，让小米躲不过饥饿营销的标签。

当然，制造这样的时机让小米享受到了高人气的消费者待遇。尤其是在前几代产品出炉时，在国内的疯狂程度不亚于苹果，在消费者又爱又恨的情绪中，小米成功地完成了客户引流。

苹果、小米，以及众多奢侈品牌有意或者无意之间营造的饥饿营销氛围，让很多企业眼红不已。但必须指明的关键点是，制造饥饿营销时机的前提条件，在于产品品质够高，值得消费者为之等待。

比如，苹果手机的科技感和时尚性，小米手机的低价高配置就足以吊起消费者胃口。试想，一个普普通通的产品，拿什么让消费者感到饥饿？若不然，消费者明显感受到商家是故意为之的，得到的就会是反面效果。

最常见的例子是，常常有商家打着“亏本三天甩卖”、“最后两天大促销”等口号，以限时低价的策略引流。刚开始消费者因为好奇会去逛逛，但当市场上出现越来越多类似的饥饿时机的时候，消费者就会习以为常，不会轻易上门了。

新品发布会

随着科技产品越来越丰富，新品发布会逐渐成为一种受人关注的引流时机。每一次的苹果产品新品发布会，通过全球直播，都能引发一阵狂潮。

在国内，不管是华为还是小米，又或者是乐视、360，但凡有新品出炉，都会开发布会“昭告天下”。在发布会前，企业通常会有一番预热活动。

2015年，360奇酷手机发布之前，公司董事长周鸿祎就和“国民老公”王思聪来了一次“射箭论手机”的预热。

当年5月，周鸿祎开发布会，表示要推出一款手机，勾起了外界的好奇心。两个月后，王思聪到360公司与周鸿祎见面，两个爱射箭的人玩了一场独特的射箭游戏。他们把手机壳当作目标，用射击来检验手机壳的坚实程度。

在两人的箭法下，一款塑料外壳的手机惨遭射穿，屏幕粉碎，外壳被射穿了一个大窟窿。当天，360奇酷手机官网微博晒出二人射箭照片，并趁机宣传，表示周鸿祎要做一款最有诚意的手机，外壳将采用全金属材质，不会被“一箭击毙”。

当晚，周鸿祎还将两人的射箭视频发布在某视频网站上，引得众多网友围观。两人这场特别的游戏，自然吸引了大家对360手机的关注，成功为新手机预热。到新手机发布当天，360奇酷手机已经聚集了超高的人气。

2014年，罗永浩的锤子手机新闻发布会也是赚足了眼球，这场手机发布会被媒体称作“中国IT圈最受瞩目的发布会”。究其原因，一是罗永浩的名人效应，使他的跨界创业受人关注；二是小米问世之后，掀起了一阵手机旋风，手机产品的发布会很容易激发消费者的好奇心，想要一探究竟；其三，在新品发布会未举办之前，产品的神秘性永远吸引着爱好者们的猜测；其四，消费者对锤子手机发布会的观赏性充满期待，罗永浩会发表什么演讲？产品会在怎样的情况下揭开面纱？

这些都是吸引消费者观看发布会，并传播发布会信息的重要因素。就连不怎么关注手机的人，都知道最近有一款锤子手机要面世了。

发布会现场，新手机亮相，罗永浩哭了，他谈到了设计、谈到了艰难、谈到了理想和情怀。有人评价称，现实的骨感和理想的丰满，都出现在了这场发布会上。

从新品发布会的现场直播，到后续的新闻报道，再到业内的评价，锤子手机快速地进入了人们的视野。有人说，锤子手机名气是火了，但真正的销量其实并不可观，因此它的发布会引流是不成功的。

而实际上，不管有没有带来销量，锤子手机通过新品发布会的形式，打响了品牌，最大范围地让消费者知道了品牌的存在，或者对产品还有了一些了解和认识，对新品来说，这已经是很大的成功了。

创意活动

商家举办活动，比如优惠、打折、促销等等，都是一种主动出击的引流行为。商家活动的种类繁多，让人眼花缭乱，也容易让消费者产生活动疲惫感。

每个企业都可以做活动，但不是每个活动都能成为引流的好时机，平淡无奇的活动比比皆是，常常费时费力却不见效果。

在活动引流领域，如果说淘宝的“双十一”活动排名第二，那么，恐怕没有什么活动能排第一了。

如果不是淘宝，“双十一”也就是个普通的“光棍节”，淘宝的促销活动，让这个寂寞的节日精彩了很多。在淘宝之前，也没有一个商家用光棍节这个节日时机引流，因为在他们心中，光棍节并不算一个节日。

然而，淘宝在2009年11月11日发起的“品牌商品五折”活动，只是简单地把线下打折搬到了线上，就立即创下了当天销售额1亿元的成绩，引流效果令人惊叹。

接下去的2010年“双十一”，淘宝销售额翻了9 倍，增至9.36亿元；到了2011年，成交额又继续飙升至52亿元；2012年，成交额达到191亿元；2013年，成交额突破至362亿元；2014年，成交额再次攀升至571亿元。

这样的几何式增长，让人甚至有些畏惧。2015年，淘宝创下了912亿元的成交额，不管从规模还是流量或者成交额来看，淘宝“双十一”已然成为了全国最大的一场引流活动。

淘宝把一个简单的五折促销活动，举办成了一场引流盛世，不仅在网络上刮起风潮，而且对商家的线下引流活动也带来了很大的影响。在2012年，“双十一”就开始成为了全国商家线上线下集体搞促销活动的一个时机。

那么，为什么淘宝“双十一”办到了？

首先，“双十一”活动是互联网大时机的产物。从第一年的活动至今，中国互联网的发展经历了前所未有的迅猛时期。与其说“双十一”是成功的引流活动，不如说它是成功搭上了互联网发展高峰的班车。

其二，更重要的是，“双十一”活动打破了线下促销活动的地域限制，在规模上就有绝对的优势。在此之前，甚至是之后，没有哪个线下商家能够举办如此大规模的全国性促销活动。可以说，这样的打折活动是稀缺的，也正好满足了消费者“买便宜”的需求。

其三，“双十一”每年都能刷新纪录，成交额令人咋舌，这与淘宝自身产品线的丰富、企业的快速发展是分不开的。

其四，经过多年的发展，“双十一”在消费者心中建立了信任，才有了从1亿元到900亿元的飞跃。

在活动引流上，“双十一”太过火爆，已成为一种难以企及的特例。那么，无法达到“双十一”的效果，就不做活动了吗？当然不是。没有那么多资金来做大优惠活动，就不搞活动了吗？当然不是。

市场上还有很多创意用心的活动，发挥着不小的引流作用。美国打车软件Uber（优步）发起的许多创意活动，就给消费者带来了很多乐趣。

Uber在全球多个国家以及城市做过一个叫作“雪糕日”的活动，备受乘客喜爱。在炎炎夏日，Uber定制的雪糕车会在城市里穿梭，用户只需在Uber软件里点击“雪糕”按钮，离他们最近的雪糕车就会以最快速度把雪糕送到用户手中。这样的创意活动，给用户带来了很多惊喜。

又比如，Uber还会不定时为用户带来“一键呼叫直升机”“一键呼叫投资人”“免费乘坐豪车”“用无人机为用户免费送口罩”等等别出心裁的活动。有Uber用户点赞称，用Uber打车，感觉每天都很新鲜。

因此，不管是大企业还是小公司，网店还是实体店，都有能力创造一些时机，吸引顾客的注意，进而引发顾客的购买。这些自发创造的时机之所以能成功，往往是因为活动的形式和内容满足了消费者的需求。

把握最好的引流时机

拒绝故意为之的热点事件

过去很长一段时间里，营销者喜欢以制造大事件来吸引客流，有些事件甚至能引起新闻媒体的注意，但到最后人们才发现是一场作秀。在营销界，善于策划事件的人被业内称赞，受人膜拜。

事件营销刚兴起的时候，消费者还不太了解这样的模式，非常容易“上钩”。但时至今日，越来越聪明的消费者能够清楚地辨识出故意为之的营销事件，并且对这样的诱导行为嗤之以鼻。

由于深受广告轰炸的困扰，消费者心里总会提防企业的诱导，或者潜意识地与企业做对，不想落入营销圈套，他们总在想“想骗我？没那么容易”“我一定不会中计的”。

对于新闻媒体来说，他们的辨识能力也越来越强，不会轻易将一场营销事件当作新闻来报道。如果新闻工作者警惕性不够，将营销事件作为新闻报道，则会有虚假新闻的嫌疑。

以往，事件营销往往会披着一层新闻的外衣，而如今，营销引流与新闻之间的关系很微妙，企业不再遮掩自己的营销引流目的，而是采取邀请名人参加活动、发布企业重大消息等方式，让营销事件与新闻价值相吻合，以此获得更广泛的媒体报道支持。也就是说，在当前以及未来很长一段时间内，做得好的营销引流事件可以成为新闻，这样可以以低成本达到广泛传播引流的目的，而做得差的营销事件则容易被指虚假营销，受人冷落。

可以肯定的是，随着环境的变化，引流难度将越来越大。然而，企业无法抵挡大事件营销的魅力，他们还是愿意为此赌一把，就连一向专业的杜蕾斯也难免落入俗套。

2016年4月，杜蕾斯为一款新品发布会进行了事件宣传。杜蕾斯官方微博消息预告称，新品发布会当天将视频直播100人试戴新款产品，而且在全球招募试戴者，要求申请人员将全身照和简历发送到杜蕾斯招募邮箱。

由于杜蕾斯产品的特殊性，这条消息立即引发了看客们的无限联想。在近一周的时间内，杜蕾斯新品发布会从一条简单的消息，变成了一件被人期待的事件。而且，人们在强烈的猎奇心理作用下，明知是引流手段也心甘情愿地陷入其中。

发布会直播当天，杜蕾斯如愿以偿地收获了数百万次观看，数千条回复和大量的视频弹幕。然而，整个直播却被人评为无聊至极、冗长至极、坑人至极、恶俗至极，“与脑白金一样烂，但没有脑白金的好效果。”

不管是好名声还是坏名气，杜蕾斯最基本的想法是让看客们记住新品品牌，但没想到，做足了噱头的事件却令人大失所望。观众就算记住了枯燥的品牌标识，却在之后难以转化为消费流量。对于企业来说，如此费力不讨好，故意为之的热点事件，还是少用为妙。

引流虽然是一件目的性明确的事情，但任何事情只要太过夸张就容易适得其反，故意去制造噱头，创造不合宜的时机，不仅对引流没有任何帮助，反而不利于品牌的长期发展。

并不是每个热点都可以跟

商家在引流的时候要紧跟娱乐话题、社会热点新闻话题，这的确很重要，但跟热点也是有度的。

对于一些政治话题、宗教话题、攻击性太强或者涉及道德底线三俗的话题，尽量不要与商业引流相关联。一旦关联不当，说了不该说的话，给企业带来的不仅是负面影响，甚至有可能是致命的打击。

被称为“毒鸡汤教主”的咪蒙，无疑是一个擅长蹭热点的高手，常常用一些自创的新鲜词汇调侃热门人物和热点事件，文风犀利。不过，她也曾失误过。

2016年7月18日，咪蒙在公众号推送了题为《为什么现在流行睡丑逼了？》的文章，文中提到黄渤、高晓松、大张伟、张一山、王宝强五位明星，说他们虽然外貌不佳，但因为有情商、有才华得到了粉丝们的认可。

从内文来看，咪蒙并没有攻击几位明星，而是对他们表达了赞赏。但她在标题用“丑逼”这样的词汇博人眼球，引来大量读者的不满。在各路网友的抨击下，咪蒙在7月19日发布道歉信，承认“措辞不当，很不礼貌，非常自责，是我的错”。

咪蒙哗众取宠地故意把一篇好文章变成了俗文章，虽然是跟了热点，也制造了热点，但这样的热点只会带来负面影响。

对敏感话题保持警惕，能够明确区分，这是营销引流者的基本能力。当市场出现一个热点时，营销者以最快的速度判断是否跟踪，然后再联想热点和品牌或产品之间的关联，然后进行内容创作。但营销引流的第一步永远是判断热点的性质，在保持对热点敏感的同时，引流者要具备清晰明确的判断力。

时机留给有准备的人

令很多营销者苦恼的是，当他们发现热点的时候，往往事情的热度已经过了一大半，或者竞争对手已经赶在自己之前蹭了一个大热门。

为什么总是后知后觉？为什么蹭的热门都不够热？为什么每个热门都关注，结果效果平平？这是每个营销者都遇到过的困惑。

机会是留给有准备的人的，同样时机也是留给有准备的人的。很多人只看到别人抓住时机火了，却不知道成功者为此付出了多大的努力。

随时了解当下热点，迅速结合自身品牌或产品，在合适的时间点出现在消费者面前，这是每一个营销者每天都在努力做的工作。

那些能够无声无息地抓住引流时机的营销者，靠的绝对不只是天赋和运气，更多的是背后的辛苦耕耘和实力。

2012年，褚橙在全国火了，很多人说，褚橙赶上了互联网生鲜水果的风潮。然而，在褚橙红遍全国之前，褚时健夫妇也曾一次又一次地摆摊子，切开橙子，让过路的顾客尝，他们也曾以低价吸引批发商进货，上门向水果店推销。

很多看似无用的引流措施，褚橙都试过。它并不是一夜之间就火了，2012年已经是褚时健种橙的第十年，可以说褚橙成为爆款的时机是褚老一朝一夕等来的，也可以说这是褚老用十年时间创造出来的。

人们常说事在人为，这个词也能很好地体现在引流时机上。有的好时机，看似偶然性很强，但其实是长时间的积累而成。

杜蕾斯“背后的男人”、营销操盘手金鹏远也常说：“光鲜的成绩背后有很多不为人知的心血，不要只看见贼吃肉没看见贼挨打。”再回顾一下脑白金广告，它之所以红，也是因为强势占据了每一个可能的引流时机，死皮赖脸地出现在消费者视线内。

2016年，以视频内容创作红遍网络的papi酱成为了年度网红人物。很多人只知道papi酱的系列吐槽视频火了，但却没有注意到在papi酱成为红人之前，她也尝试过多种不同的表演形式，以吸引关注。

截至papi酱第一则广告卖出千万元高价的那一刻，她已经在网络上发布了数十条播放数量过亿次的短视频作品。如果没有不断地寻找机会，不断突破，papi酱也很难变身为金牌网红。

引流时机和明星成名的时机类似，不可能百发百中、无比精确，尤其是在引流花样越来越多的今天，一夜成名只是神话。

值得庆幸的是，有很多品牌或者商品，他们默默地变化着并且进步着，直到有一天成名，人们关注到他们，才发现实际上他们一直在为这一个时机而努力着，不放过任何一个有可能成为最好时机的机会。他们想过无数个脑动大开的创意，有积累有准备，才会在关键时刻一跃而起。

相信只有时刻为时机准备着、努力着的人，才有可能品尝到成功引流的喜悦。

在消费者需要的时候出现

每次流感来袭，板蓝根就会遭到疯抢；雾霾严重的时候，口罩也会遭到疯抢；为了防辐射，消费者听信谣言疯抢食盐……每一次疯抢的背后，都藏着消费者迫切的需求，尤其是基本生存的需求。

消费者最需要的时候，就是最好的引流时机。比如，一个顾客想要买灯具，他只会在能够搜索了解到的商家范围内进行筛选。也许在他搜索范围外还有更好的商家，但他搜索不到，也无济于事。

那么，商家要做的第一步就是尽可能出现在用户的搜索范围内。为什么会出现灯具城这样的集中市场？看似商家们在一起会带来更大的竞争，但实际上是有助于商家被消费者搜索到。

2015年，一则“成都男司机暴打女司机”的社会新闻受到热议。在这起事件中，行车记录仪录下的视频内容成为了还原真相的关键。随着真相浮出水面，行车记录仪就立即成为了消费者的强烈需求。

很快，淘宝就出现了“打人男司机同款行车记录仪”的货品，销量大增。试想，如果没有打人事件发生，消费者对行车记录仪的需求就不会如此迫切，因为他们不够重视。

而打人事件发生后，每个司机的第一反应不是去探究这件事情的来龙去脉，而是担心自己会不会遇上这样的麻烦事，为了预防摊上纠纷的可能，安装行车记录仪成为了最简单有效的办法。

行车记录仪商家看准了这个商机，出现在消费者的搜索范围内，就走出了引流的关键一步。至于消费者在接触同类商品后究竟会选择哪一款，那就是接下来研究的内容了。

无论如何，就算你的产品包装非常不完善，只要在消费者需要的时候适时出现，你就多一个机会。

为什么百度搜索竞价排名那么值钱？没有其他原因，就是因为在消费者搜索的时候，商家有机会成为第一个被需求者，这样就会增大引流成功的机会。可以说，排名靠前的商家很可能就垄断了该行业的引流机会。

当然，购买搜索的弊端和潜在危害是很大的，这种简单粗暴不差钱的方式，不会存在太久。然而，百度搜索的确证实了一个道理，出现在消费者需要的时候，就是最好的引流时机。

还有一点要强调的是，有时候商家捕捉到了消费者的需求，也适时出现了，但仍然收效甚微。导致这样结果的原因，是因为商家把握到了时间，但没有选择正确的地点。

如果行车记录仪的潜在消费者喜欢在京东购买产品，但商家却在淘宝打广告，一旦消费者在京东找到了想要的产品，他就不会去淘宝搜索了，淘宝商家与消费者就无缘见面。

完整地来说，什么是最好的引流时机？圈定消费者在哪儿，在他们需要的时候，出现在那个地方，这才是最好的引流时机。

现在就行动吧！

如果你老是想有一个完美的引流时机，那么你永远都无法拥有它。

几乎每一种引流媒介，存在一段时间后，引流者会依靠观察体验和经验，总结出最佳引流时机的一些规律。此外，有的媒体机构也会发布相关大数据报告，告知用户最佳的消息发布时机。

比如有营销者认为，早上起床前和晚上睡觉前是发布引流信息的黄金时间，在这些时间段发表的信息点击率、转发率都更高。也就是说，人们认为，在某些时候发布信息，受众更容易看到、搜索到，那么成功引流的概率也会更大。

当然，如果商家只是像一个机器人一样在某个所谓的高峰时间发布一条无关痛痒的引流信息，受众就算看到了，也会视而不见的，这仍然是一条无效的甚至是多余的信息。

过度追求完美的引流者会担心，我还没有完全了解消费者，我的产品也还不够好，就这样一无所知地去推广引流，岂不就像一只无头苍蝇一样？如果出现在了错误的时间，会不会导致原有客户的流失？

毫无调查毫无计划地采取引流措施，的确不可取。但是，比老用户流失更可怕的是，居然还有几百万人没有听过你的品牌，不知道你是谁，而且更遗憾的是，他们原本很需要你的产品。

有调查显示，在面对一个新产品的时候，消费者要听过7次以上才会对其产生印象。因此，你所担心的一次错误时机，消费者很可能并没有看到。

有时候，看似错误的时期反而更有助于长期的发展。2015年，知名财经作家吴晓波在自媒体公众号“吴晓波频道”上发表了一篇文章，谈及屌丝文化。吴晓波在文章中公开表示，拒绝屌丝文化，反对屌丝文化。他的言论引发了很多网友的反对，吴晓波频道出现了掉粉情况。

这个时候，吴晓波避开网友枪弹最好的办法就是保持沉默。然而他并没有，他接连写了一篇《“屌丝”不是反讽而是自甘堕落》的文章，再次论述拒绝屌丝的观点。

结果可想而知，吴晓波频道掉粉更加严重，很多持反对意见的人取消了对公众号的关注。尽管预料了这一结局，吴晓波仍然在风口浪尖的时候抛出了思想炸弹。

后来在回顾这一事件的时候，吴晓波提到，虽然公众号遭遇掉粉，但平台也借此机会更精准地圈定了有着共同价值观的粉丝，留下来的粉丝才是真正有价值的。

因此，看似错误的时机也不见得是不好的时机，引流者必须要有自己的判断力。

有的商家疲于举办各种活动、事件，制造时机来吸引客流，但在别人眼里，他们是在自嗨。这是因为，这些费心费神的活动因为设置不佳，吸引力不够，或者空有其表，缺少实质性内涵，不足以调动顾客的参与性。

从借机引流到制造时机引流，商户有很长的路要走。机会是留给有准备的人的，没有人天生就会营造时机，只有小成本的不断尝试，从失败中总结经验教训，才是获得成功的唯一办法。

如果你一直为创造一次完美的引流时机犹豫不决，那么请停止无谓的担心，只有立即行动起来，才是接近完美的最好方式。如果你不知道什么时候才是引流的最好时机，那么请记住一句话，现在就是最好的时机。

第六章

内容引流

很多人一直在思考一个问题，为什么大量的曝光，甚至大量的流量进入，却没有换来用户的增加？这里的用户增加，不仅是指用户的购买行为，还包括用户对品牌、产品的认同感。

在前文，笔者指出了出现这种结局的原因有可能是介质使用不当，又或者是引流时机不对。而还有一种可能是，即使介质使用正确，引流时机也对，也会出现不达效果的情况。甚至，引流者在媒介和时机方面投入过多，导致成本过高，收效却太小。

至此，引流内容研究的重要性也就呼之欲出。

在引流过程中，内容到底起多大作用？好内容和差内容的评判标准是什么？引流者在内容上需要投入多大的时间和精力？

下文会有许多大大小小的引流内容案例，其中有很多是经典广告。笔者希望借助它们来回答这些问题。

满足消费者需求的内容引流

在天时（引流时机）、地利（引流介质）都具备的情况下，我们应该用什么去引流？内容，就是引流抛出的诱饵。

这里所谈及的内容是指一切用以引流的事物，包括人、产品、文字、视频、图片、动作、物品、活动等多种形式。

我们没有用广告或者文案来概括这些内容，是因为广告、文案是具有强烈营销性质的，而我们所探讨的引流内容并不完全具有营销性质。不过，由于语言习惯，我们仍将众多的引流内容以广告概述。

那么，什么样的内容会对引流产生积极影响？有人说幽默的内容能吸引受众，有人说严肃的内容能影响受众，对于这个问题，不同的人有不同的答案。

然而，只要仔细梳理就能发现，被人们界定为好的引流内容的共性在于，这些内容满足了人类的需求。

在人类需求的理论方面，美国心理学家亚伯拉罕·马斯洛提出的人类五种需求被认为是最经典的学说。1943年，马斯洛在《人类激励理论》一文中提出，人类需求像阶梯一样，从低到高分为五种，分别是：生理需求（Physiological needs）、安全需求（Safety needs）、社交需求（Love and belonging needs，又称爱和归属感需求）、尊重需求（Esteem）和自我实现需求（Self-actualization）。

而在引流内容上，马斯洛需求层次理论也能基本完整地解释内容的层次。

符合生理需求和安全需求的内容创作

按照字面解释，生理需求是指一个人能够存活下来的基本需求，比如食物、水、空气等；安全需求是指人类避免受到伤害而产生的需求，比如住房、防身物品等等。

总的来说，这两种需求的目的与生存相关，前者是为了活下来，而后者在活着的前提下还需要尽可能长久健康地活着。

为了满足人类这两种与生俱来的需求，引流者抛出的内容诱饵就得勾起人们对安全生活的向往。也就是说，表达的内容要让受众感觉到，你的品牌和产品与生理及安全有关联，关联程度越深，就越能触动或者满足受众的内心需求。

另外，也可以向受众传达这样一个信息：如果不信任或不购买该产品，生命安全就会陷入困境。当然，不能以威胁的形式传递这种信息，若不然，就会有造谣之嫌。

在市场上，有些产品本身就与人类的生理、安全需求相关度较高，比如医疗保健用品、食品饮料、计生用品、房产、汽车等。

比如王老吉的广告语：“怕上火，就喝王老吉”，就是一句与生理、安全需求紧密相关的内容。为了避免上火这一有损身体健康的事情发生，消费者会通过购买王老吉饮料来达到不上火的生理安全需求。

第一代苹果手机推出的时候，苹果告诉大家：“一个大屏ipod＋一个手机＋一个上网浏览器＝智能手机”，以这样的内容阐释了智能手机这个当时还很生僻的概念。这种突出产品使用价值的做法，正是满足了人类最基本的使用需求。

再比如，由于地处南方，成都的天气不太适合滑雪，因此这项运动在本地也不如北方那么普遍。一家滑雪场在调研时了解到，消费者对滑雪这项运动有着好奇心，但最大的担忧在于安全，毕竟滑雪是一项极限运动。

为了满足消费者对安全的需求，这家滑雪场一开始并没有宣传场地多么专业、规模多么大，而是推出了一套滑雪培训课程。从安全出发，打消消费者对安全问题的顾虑。

毕竟，人在充足的安全状态下会感到很舒适，而舒适则是比安全感更高级的感受。以奢华品质著称的香奈儿品牌曾说："Luxury must be comfortable， otherwise it is not luxury.（奢侈就必须舒适，否则就不是奢侈。）"

照此理解，功能性的商品或服务会比较强调舒适感。以打车软件为例，有的顾客选择一款打车软件，并不是因为这款软件提供了多少有趣的增值服务，而仅仅是因为在这个平台上叫车比别的平台快三分钟。这三分钟满足了顾客对时间效率的需求，让他在安全范围内很舒适，不会陷入赶时间的慌张。

滴滴专车打车软件曾经拍过一条广告，都市里形形色色的人结束了疲惫的工作，下班路上乘坐了滴滴专车，在车里，他们卸下了一天的疲累，闭上眼睛休息，很安然。广告旁白说道："把车外的留在车外，把自己的还给自己，为了每一个全力以赴的你，今天坐好一点。”

相信随着这条一分钟广告的播放，观看者也像故事中的人物一样，经历了从疲累感到舒适感的过程。而简单的四句广告语，则为观众营造了一个安全的空间，将车内和外面的世界隔离开，让人们感到滴滴专车替乘客抵挡了外面世界的纷纷扰扰，并为他们创造了舒适美好的小世界。

在受众的记忆里，疲累感都是曾经经历过的，他们或许正苦于没有合适的办法来减少疲惫，广告里传递的那种乘坐滴滴专车的舒适感，上班族们还没有感受过。因此，当每天下班疲惫不堪的时候，想要打车回家的人或许会选择乘坐滴滴专车来释放一天的辛苦，感受“与世隔绝”的舒适。

进一步讲，如果将人类的生理需求和安全需求延伸开，我们还可以看到什么？实际上，生理安全需求与人类的视觉、听觉、味觉、嗅觉、触觉紧密关联。可以这样说，五觉属于人类的生理反应，也就是触动人类生理需求的通道。

一则引流内容，如果能够引发人们五觉的联想反应，那就能够或多或少地触动生理安全需求。比如，食品饮料广告常常播放吃东西的画面，镜头里的人吃得很享受，这就是从视觉上触动观众对美味食物的需求，同时，看到画面中的人吃得那么香，观众会自动解读为广告中的食物是安全健康的，便想要去体验美味的感觉。

在和平年代，人们对于生存的需求虽然没有战争年代那么迫切，但实际上，不管在什么年代，生存安全永远是人类的第一需求，一旦这一需求出现匮乏或者受到潜在威胁，人类就会不顾一切地去寻求满足。这也是为什么人类总能挑战生命极限的原因。

为什么禽流感一来，板蓝根就会紧缺？为什么雾霾严重时，口罩就会热销？因为这些是真正危及人身安全的问题，当人们连生存需求都无法满足的时候，其他更高级的需求是处于静止状态的。

近两年，打车软件正流行，一家打车软件打出广告称："推荐你用最安全的专车"，并配上了品牌标识。然而，这样一条打着"安全牌"的引流内容，并不能真正唤起受众对安全的需求。

这是为什么呢？

原因就在于，这句话根本无法触动受众的五觉感官，刺激到人们内心对安全的需求。在人们的意识里，打车软件与不安全之间的联系并不紧密，有的人根本没有意识到安全的重要性。

也就是说，人们并没有觉得打车软件很不安全，没有感受到坐网约车会对安全造成威胁，那么，就算强迫灌输给他们安全理念，也没有什么作用。

同理，为什么一些车祸视频会被人们疯传？前提条件是，车祸危及生命是人人皆知的常识，所以，车祸发生的现场视频才能通过视觉直接刺激人们的生理安全需求。当观众在看视频的时候，会不由自主地置身车祸之中，产生安全感缺失的感觉，而通过转发视频的方式，受众的安全感便会得到弥补。

由此类推，耳机专卖店设置试听区、餐饮店提供试吃产品、服装店可以试穿等等服务，都是为了从感官出发，唤起人们对生理安全的需求，引发他们对品牌产品的认同或购买。

这就意味着，如果你的品牌、产品与人类的生理、安全需求关联密切，比起直接告诉受众你的产品很安全、保护性强，更好的办法是，从感官的角度，去引导人们对生理安全的需求。也只有这样，用户才会从内心接受你，对你产生认同感。

符合社交需求的内容创作

简单来说，社交需求是指亲情、爱情、友情这三大需求。马克思说过，“人生而孤独，却不甘寂，世界万物都是相互依赖的。”可见，人类在世上生存，就会产生沟通社交的欲望，就会与万事万物产生情感上的连接。人类，是世界上情感最丰富的生物。

正是因为有比生理安全更高级的情感需求，人类世界才更加丰富多彩。可以肯定的是，人类对情感社交需求，并不亚于对生理安全的需求，而且在相对安全的环境里，人类对情感的需求会更强烈。

那么，为什么QQ、微信、微博、脸书等等社交软件总能风靡流行？这些软件一开始的设计其实非常粗糙，仅仅只能满足人们基本的社交需求，之后才逐步优化用户的社交体验。

事实上，社交软件的成功证明了，人类对社交的需求从来没有减少过。从写信、打电话到网络交流、视频通话，人类的社交屏障被不断打破，但这并没有降低人们对社交的需求，这个需求反而在不断增加。

如果你的内容满足了消费者的生理安全需求，他们或许会把你当作一个可靠的朋友；而如果你的内容满足了消费者的社交情感需求，那么你可能会成为他们的挚友。

面对社交需求这块仍在不断扩大的巨大蛋糕，引流者们想了很多办法。

王品台塑牛排曾发布过一张海报，以一位老父亲的形象为背景图，海报上端写着："合资企业高管·15年行业经验·年薪20万·MBA·内环有房——以上是他儿子100个标签中的5个，他只有一个标签：父亲。"海报下方打出广告语："只款待心中最重要的人，王品台塑牛排。"此外，海报上还刊登了该牛排店的分店信息。

很明显，这是一条与亲情相关的引流内容，牛排店并没有直接说"带爸爸来吃吧，他是你最重要的人"，而是以委婉含蓄的文字告诉消费者，爸爸是很重要的人，而王品台塑牛排只款待心中最重要的人。消费者看了这则消息之后，第一反应一定是想带最重要的爸爸去这家店吃牛排。

采用类似的形式，该品牌还制作了以妻子、客户为人物主题的海报，向顾客传达带最重要的人到店消费的理念。在这种理念的影响下，顾客会感觉到吃牛排不仅是为了满足生存需求，还从更高层面满足了社交感情的需求。

白酒品牌二锅头曾发表过"铁哥们，是这样炼成的""用子弹放倒敌人，用二锅头放倒兄弟""有兄弟，才有阵营"等等广为传播的宣传语，既传递了宝贵的兄弟友情，也唤起和满足了受众对兄弟情谊的需求，使得二锅头成为人们表达兄弟情感的选择。

古往今来，亲情、友情被人们歌颂赞美，让人感动，但这两种感情的浓度都不及爱情来得猛烈。这就是为什么爱情是最容易被唤起，也最容易引发他人共鸣的原因。

莎士比亚说，“忠诚的爱情充溢在我的心里，我无法估计自己享有的财富。”为了满足对这笔“财富”的需求，无数人奋力地追求爱情，想要获得爱情。

杰克·伦敦也讲过一句话，“爱情是生活的升华，人生的绝顶，它难得出现。”于是，这种得来不易的感情很容易引发人们的追逐。在商品社会，人们愿意为爱情付出更多，包括精神感情和物质财富。

一则房产广告的引流内容写道：遇见你之前，他最爱的字眼叫“远行”，有了你之后，最让他心动的是“回家”。又比如“喜欢你没道理”“得到你是我一生的幸福”等等，都是为了让人展开对爱情需求的想象。

人们常说，送礼物要有心意，这里的心意指的就是连接传递双方之间的情感。当然，情感是看不见摸不着的，所以需要一件商品作为传递的介质，这件商品又被统称为“礼物”。

所以实际上，人们送礼送的不仅是物品，更是一种情谊。通过礼物，人们的关系得以维系、加深，对于送礼和收礼双方来说，情感需求都得到了满足。

因此，在大多数情况下，送礼会是一件让双方都愉悦的事情。虽然送礼的人付出了金钱，但他们也同时收获了对方反馈的感情，这也是礼品市场经久不衰的原因。

符合尊重需求的内容创作

尊重分为两种，自我尊重和对他人尊重。自我尊重是自己对自己的认可，比如信心、独立自主等，自我尊重也有他人对自己的尊重，即受到外人的信赖和高度评价。对他人的尊重就是指对他人的信任、尊崇和赞赏。

尊重与个人的地位、威望有关，也与品格、名誉有关。每个人都希望获得外界的尊重和认可，人们在尊重其他人的时候，会产生庄重、敬佩的感情。

在内容引流上，可以唤醒受众群体对他人的尊重，也可以唤醒受众对自己的尊重。2014年，被公认为美国本世纪最优秀棒球选手的德瑞克·基特退役，运动品牌乔丹借此机会推出了一则致敬基特的短片。

在短片开头，德瑞克·基特进入球场，此时，从他的队友到现场观众，从普通人到明星，再到场外电视观众、对手、喝茶的老人、厨师、门卫、男女老少各种人，纷纷抬起头上带的棒球帽，向基特致敬，在无声的一致动作和庄重的配乐音乐中，人们表达了对这位球星的尊重。

在短片中，“Respect”（尊重）这个单词不时出现，乔丹品牌利用这个事件打响了广告语“No matter what hat you wear， tip it to The Captain RE2PECT”（不管你戴着什么样的帽子，请向队长致敬。备注：基特是2号球员）。正如基特曾经说过的那样："即使我们不在一个战线，只要本着尊敬对手的心情去迎接每一场比赛，那么你就会得到最高的呼声。"

这条广告语让乔丹品牌与尊重相关联，得到了消费者的好感和认同。

知名洋酒品牌芝华士曾经创作过一条平面广告，上面写着：

"因为我已经认识了你一生；因为一辆红色的RUDGE（手牌）自行车曾经使我成为街上最幸福的男孩；因为你允许我在草坪上玩蟋蟀；因为你付出无数个星期六的早晨来看一个小男孩玩橄榄球；因为你已经38次记住了我的生日，甚至比38次更多；因为你依然为妈妈买花……因为我没有像我应该的那样经常说谢谢你；因为今天是父亲节。"

这段话勾起了大家对父亲的爱，而且更多的是对父亲的尊重。这段话在最后说道：因为，假如你不值得送芝华士这样的礼物，还有谁值得。

作为表达尊重的一种方式，芝华士自然成为了消费者的选择之一。

比如，台湾天下文化出版社在25周年庆的时候，发表了一篇文章，名为《我害怕阅读的人》。通过反写手法，向阅读的人表达了赞美之情。

文章写道："不知何时开始，我害怕阅读的人。就像我们不知道冬天从哪天开始，只会感觉夜的黑越来越漫长。

我害怕阅读的人。当他们阅读时，脸就藏匿在书后面。书一放下，就以贵族王者的形象在我面前闪耀。举手投足都是自在风采。让我明了，阅读不只是知识，更是魔力。他们是懂美学的牛顿。懂人类学的梵高。懂孙子兵法的甘地。血液里充满答案，越来越少的问题能让他们恐惧。仿佛站在巨人的肩膀上，习惯俯视一切。那自信从容，是这世上最好看的一张脸。

…………

我害怕阅读的人，他们的一小时，就是我的一生。我害怕阅读的人。尤其是，还在阅读的人。”

在整篇文章中，每段话都以“害怕”开头，营造了一种凝重的感觉，但却不是恐吓威胁，而是让人产生一种敬畏感，对知识的尊重，对读书之人的尊重，这种敬畏感，会陪伴着读者阅读下去。

符合自我实现需求的内容创作

马斯洛曾提出，自我实现是每个人朝自己期望中的自己去发展的路径，而每个人完成自我实现的方式是不同的。

与社交需求、尊重需求不同，自我实现是专注于个人的需求，与外界的关联度相对较低，而前两者与外界关联更大。自我实现是一个人与自己的沟通，往往与个人追求、人生目标相关。

由于自我实现是一种概念，所以人们创造了许多更为具体的词汇来界定自我实现，如奋斗、创新、拼搏、坚强、勇敢、善良、超越、乐观等等，这些词语无一例外都具有正能量、励志的特性。毕竟，没有人希望自己的人生一团糟。

追求自我实现的人，一定具有强烈的上进心和求知欲，因为这是在自我实现的路径中并不可少的两种素质，只有具备这两种素质，才能不断超越自我，创造更大的人生价值。

因此，如果消费者能在品牌产品的引流内容中获取新的有用的知识，他们会产生好感，甚至是依赖。如果受众的上进心、求知欲能被引流内容激发出来，那么他们可能会发挥强大的主观能动性，主动地向内容源地靠拢，甚至希望建立密切联系。

许多品牌产品都喜欢在自我实现的层面做文章，比如，安娜苏一款香水的广告语是“实现你的梦想”CK的广告语是“无论是好还是坏，无论热情还是冷漠，只要做你自己就好”，香奈儿也有很多与自我实现有关的语句，如“不要浪费时间敲一堵墙，你无法将其变做一扇门”“想要无可取代，就必须时刻与众不同”等等。

再如，阿迪达斯在中国有一条广告，以“太不巧，这就是我”为主题，以陈奕迅、范冰冰为代表的个性化明星，以及多个个性色彩明显的人物，从“太浮夸”“太懒”“太娘”“太假”“太快”“太呆”等角度喊出同一个主张——虽然我是这样的人，或许不招人喜欢，但太不巧，这就是我。

这就是一条尊崇自我实现的广告片，将做自己的理念精准地表达了出来。另外，曾经掀起一股热潮的“陈欧体”——我为自己代言，也是从自我实现的角度唤起了受众共鸣，聚美优品也才因此植入了消费者头脑中。

耐克品牌也推出过两组广告，主题分别为“平凡也能飞翔”“活出你的伟大”。虽然两个主题用的词语不同，但却表达了同一个意思，即每个平凡的人都可以活出伟大，透露出勇敢去实现自我的无畏气势。

围绕这两个主题，耐克又创作了风格类似的多条广告语。在“活出你的伟大”系列，耐克写道：“你的伟大，远不止一两分的得失”“伟大的反义词不是失败，而是不去拼”“再没有悬念的伟大，也是靠努力得来”等等，用不同的语言去论证平凡的伟大。

在“平凡也能飞翔”的主题广告里，以刘翔为主人公（当时刘翔宣布退役），拍摄了刘翔的眼睛、大脑、肩膀、手、耳朵、心脏、脚踝等部位的特写，并配以与平凡、飞翔有关的语句。比如，在耳朵的画面特写里，配上了这样一句话：“这只耳朵，不怎么爱听唠叨，但他渴望听全场一起，高呼同一个名字。”

在这组平面广告的最后一个画面里，选取了刘翔跨栏的一张照片，海报上写道：“他跟你没什么不同，有个平凡的名字，也会为脸上的青春痘烦恼，一进KTV，也会变麦霸。但是平凡，无法让他不去向往伟大，更无法阻止他去飞翔。”

实际上，品牌产品发布的这些内容，更多的是在表达企业文化和价值观，并且希望这样的品牌价值观能够获得消费者的共鸣、认可和支持。再比如耐克的那句“Just Do It”，阿迪达斯的“Nothing is Impossible”，其实就是企业价值观的表达，由此吸引有着同样理念的品牌消费者。

用情绪做好社交内容

在社交领域，人与人之间靠什么交流？有人说是语言，有人说是动作表情，并没有唯一答案。那么，人与人之间的感情靠什么交流？是礼品吗？是饭局吗？是谈话吗？这些都可以说是感情交流的方式，但最能激发人们进行感情交流需求的是什么？

答案是情绪。

两位法国心理学家、精神科医生弗朗索瓦·勒洛尔和克里斯托弗·安德烈在合著的《我们与生俱来的七情》一书中提到，情绪可以说是人体整个机体的应激反应，包含着生理（即身体）、认知（即精神层面）和行为（即我们的行动）三大组成部分。

是的，情绪不仅让我们准备，更能促使我们采取行动。

如果你想要一个人对你进行回应，那么就请激发他的情绪。就像有句话说的是，对一个人最狠的报复是什么？不是打他骂他，而是对他冷漠。是的，对一个人冷漠，没有任何情绪回应，封锁他的感情流通通道，这可能会让他比死还难受。

人与人之间之所以有感情的深浅变化，是因为与情绪息息相关，人们之间会产生互动，也是因为产生了情绪的反应。

当一个人对你微笑的时候，你也会不由自主地对他笑，因为他的微笑激发了你愉悦的情绪。当一个人对你恶语相加的时候，你可能会哭泣，也可能会激烈地反击，那是因为他激发了你痛苦或者愤怒的情绪。你对你的恋人好，是因为你对他产生了爱。

那么对于品牌和产品来说，如果想要引发消费者的感情需求，并且进一步获得消费者的感情回应，与其摇旗呐喊、盲目表白，不如研究研究消费者情绪，从情绪入手，再引导消费者走向你。

喜悦

我们用喜悦代指开心、快乐、高兴、幸福等等令人愉悦的情绪。很多事物都可以引发人们的喜悦感情，比如考了第一名、学会了一道菜、看了一本书，又或者是过生日、结婚生子等等。

为什么企业会花钱请明星拍摄广告？因为明星出镜就能让粉丝们产生愉悦的情绪，看到明星在镜头里笑着对自己说话，还有什么不可以买的呢？就算不消费，也会爱屋及乌的喜欢明星代言的品牌。

自1886年诞生开始，可口可乐公司就创造过许许多多引发人们喜悦感情的经典广告。一则在新加坡播放过的可口可乐视频广告讲了这样一个故事：在新加坡，有一群修建大楼的工人，他们来自不同的国家。国外的生活，让这些可爱的工人们非常想念家人，也常常感到孤独。于是可口可乐召集了许多新加坡市民，制作了数千张卡片，感谢和赞美在新加坡辛苦劳动的建筑工人们。一位工人在收到卡片的时候说："我感到非常幸福，因为有人在想着我。"

当他说着这句话的时候，相信观看视频的人隔着屏幕也能体会到他们的喜悦，并且扬起嘴角，回报以同样的喜悦之情。

这一刻，可口可乐与喜悦自然相连了。

另一则可口可乐的广告内容更具戏剧性，一位顾客在海边的可口可乐摊买了一瓶可乐，正要喝的时候，他看到一位街头艺人的琴弦断了很不高兴，于是他走过去把可乐递给了街头艺人，立即让对方展露了笑容。这时候，旁边有一位修女的小汽车被拖车拖走了，她很是气恼，而街头艺人走过去把可乐给了修女，修女也立即高兴了起来。

就这样，这瓶可乐一直在这个沙滩上传递着快乐，拿着可乐的人将它递给更需要快乐的另一个人。随着一次又一次传递，可口可乐的快乐也传递到了观众心中。

可口可乐与喜悦相关的内容还有很多，在中国，从2009年开始，每年春节可口可乐都会推出“新年第一瓶可口可乐”的广告，借着新春佳节的愉悦气氛，向人们传递快乐。

比如在2013年春节时，可口可乐通过在火车上弹奏欢乐音乐的年轻人，带给父母回家惊喜的女儿，给全家人做了一顿好吃年夜饭的妈妈，陪着爷爷奶奶跳舞的孙子等人物，传递了快乐的情绪，并且感染人们选择可口可乐去分享快乐的精神。

通过一个又一个与喜悦快乐有关的引流内容，一百多年来，可口可乐将快乐的基因注入了自己的体内，在消费者心中成功塑造了快乐的形象。

从可口可乐制造快乐的引流内容中可以看到，快乐的方式有很多种，开启的方式也有很多种，在这个情绪的仓库内，缺少的不是快乐，而是发现快乐的眼睛和有价值的创意。

愤怒

商家们总在不遗余力地为消费者创造快乐，因为他们相信，只有让消费者快乐，才有可能让消费者为产品付费。毕竟，消费应当是一个愉悦的过程。

其实不然。人类的每一种情绪都能引发消费，愤怒也不例外。更何况，在人类所有的情绪里，愤怒是最激烈的一种情绪，最能激发反应。这种情绪能够带来的商业价值应当得到更好的挖掘。

必须强调的是，在引流内容上，用暴力血腥触发消费者愤怒不是一种可取行为（一些电影内容除外）。当人们需要宣泄愤怒的时候，也应当有一种商品为他们开通情绪的通道。愤怒的小鸟能够俘获那么多人的心，与这款游戏的名字也不无关系。当游戏玩家将小鸟弹出的时候，愤怒随之释放。

2012年，印度《孟买镜报》（*Mumbai Mirror*）推出了一条广告片。在这条两分钟左右的视频里，讲述了四个令人愤怒的故事：出版监控、牛奶掺假、孤儿院丑闻、非法政治海报。影片里的主角们拿着扩音器愤怒呐喊：“你们不能这样做！我是孟买！”

这样一句话，点燃了观众们的愤怒情绪，他们想要颠覆这些令人愤怒的事情。这时候，出现了《孟买镜报》的画面，对大家说：每天清晨，孟买都在诉说，你听见了吗？我是孟买。

《孟买镜报》通过这条广告告诉大家，一张报纸的存在，就肩负着发出声音、揭示假丑恶的使命，就是要释放社会的愤怒，呐喊着创造美好和平的未来。

这条充满愤怒的广告获得了戛纳广告节金狮奖，在世界各地广为流传。当然，作为印度孟买最大的日报之一，《孟买镜报》凭借这条视频奠定了在读者心中的权威地位。

正如大家能够感受到的那样，用愤怒的内容去引流的做法并不常见，这个不太友好的情绪不会像喜悦那样经常出现，人们希望远离愤怒，获得平静。但需要正视的是，人类存在着愤怒的情绪，也需要疏导这种情绪的通道，而品牌产品则可以成为这样的一种通道。

悲伤

人是容易感到悲伤的，也很容易受到悲伤的触动。有研究认为，悲伤的起因源自于缺失。家里心爱的小狗生病了，你会感到难过伤心；考试成绩不理想，你会感到伤心；与恋人分手，会感到伤心；回忆过去的美好时光，思念家乡，心里会感到悲伤；梦想破灭，你也会悲伤。

毋庸置疑，没有人会喜欢悲伤或者享受悲伤，因为没有人想失去。但是，人们生活在世界上，每时每刻都在失去，因为时间在流逝，而且，根据失去事物在人们眼中的价值大小，悲伤的时期也会有长有短。

在商业上，引流内容与悲伤情绪之间存在着从诱发到抚慰的关系。通常情况下，商家会以引人悲伤的内容开头，抚慰人心的内容结尾。这样一来，观众才会不由自主地亲近品牌产品，认同品牌提倡的观念，并且可能通过消费的方式汲取温暖，安慰自己，希望类似的悲伤不会发生在自己身上。

如果只给予观众悲伤的信息，没有巧妙的抚慰，他们很可能陷入悲伤之中，将品牌与悲伤画上等号。试想，谁会去爱一个令人悲伤的品牌呢？谁会去买一个令人悲伤的产品呢？

人们的内心一定是渴望被安慰的，同时，人们又非常富有同情心，当他们体会到别人的悲伤时，总会想办法去帮助他们。因此，可以这样理解，品牌产品虽然传递了悲伤的情绪，但其本身扮演的应当是“安抚片”的角色，是缓解和解除悲伤的“药品”。只有这样，观众的悲伤才有可能转化为流量。

德国最大的食品零售商和批发商EDEKA（艾德卡）超市发布过一条圣诞节短片，中文名字叫《回家》。短片讲述了一个与亲情有关的悲伤故事，圣诞节的时候，在外地的子女们纷纷给父亲打电话说因为工作太忙不能回家团聚了，于是这位孤单的老父亲用自己去世的假消息把孩子们骗回了家。当儿女们回到家中，看到了餐桌上的餐具和蜡烛，惊讶地发现父亲还活着的时候，他们因为悲伤被抚平而哭泣。看到这里，许多观众流下了眼泪。

EDEKA在片尾附上了一行字：在家里和最爱的人在一起，是世间最美好的事情。对于观众来说，EDEKA就像一个“悲伤止痛剂”，在他们最悲伤的时候，给了他们最温暖的安慰。

因此，千万别忘了，当你触及受众的悲伤情绪时，要给他们必要的抚慰，他们才会回馈你温暖的信任。

羡慕和嫉妒

奢侈品牌古弛（Gucci）有一句知名的广告语：“若想让别人嫉妒，就该拥有妒忌。”这句话中妒忌一词，指的是古弛的一款香水。

正如这句话所表达的，人们有着被羡慕和被嫉妒的需求，同时也会产生对其他人或事的羡慕嫉妒。相较于羡慕来说，嫉妒是更深层的一种情绪。

在日常生活中，人们总是对自己想得到却还没有得到的事物产生羡慕嫉妒的情绪。我们羡慕朋友圈里晒旅游的朋友，羡慕那些减肥成功的人，羡慕娶了个好老婆的人，羡慕吃了美食的人……

同时，人们又希望能被人羡慕，于是可以看到，在各种社交网站上，晒幸福生活的内容总是多于晒痛苦的。因为想要被羡慕，人们会自动地掩藏光鲜背后的痛苦，这样的举动，也被称作炫耀。

很多时候，商品的作用就是给消费者一个炫耀的理由。买了明星演唱会门票，晒一下；买了喜欢的口红，晒一下；买了一件新衣服，晒一下……这样的炫耀行为，每天都在发生，只是程度各有不同。

因此，如何拿捏嫉妒、被嫉妒的分寸，对于引流者来说，值得仔细思考。

在广告里，模特们总是美女帅哥，他们皮肤好身材好，而且事业有成，令人羡慕不已。当人们看到这样的人出现在视野里的时候，或多或少都会产生羡慕的情绪。“她的皮肤真白！眼睛真大！”“他的包真好看！”“她的这件衣服好美！”……

这些想法出现的同时，受众会产生“想要变成她（他）那样”的念头。那么，如何才能变成那样呢？很简单，用他们用的护肤品，买同款的手提包，穿一样的衣服。

于是，在羡慕嫉妒的情绪里，消费者的购买欲被挑起了。当人们产生羡慕情绪的时候，内心的好胜心被激发，想要超越对方的心情越激烈，就越有可能引发他们的消费行为。

在普遍的意识里，嫉妒不是一个好词，也不是一种好的品质。但是，被嫉妒却是一个中性词，在现代社会，被嫉妒甚至可以看作是一种资本。

2015年，阿迪达斯拍摄了一条球鞋广告。在这条与众不同的广告中，阿迪达斯一改体育品牌崇尚拼搏精神的传统手法，选择了更酷更个性的表达。

在长达一分多钟的视频中，加雷斯·贝尔、詹姆斯·罗德里格斯、路易斯·苏亚雷斯及卡里姆·穆斯塔法·本泽马四位足坛巨星一一出场，随着镜头的切换，广告语也不断说着“你走路的样子让他们不爽”“他们光看到你站在那里就受不了了，更别说你还是个人生赢家”“他们就是想把你干掉，但他们讨厌自己尽力了也办不到”“他们羡慕你包揽所有进球，以及拥有的姑娘，他们讨厌你的一切”……

总之，四位主角因为球技太好、名气太大、财富过多、身边美女环绕、甚至庆祝方式太高调而招人羡慕嫉妒恨。阿迪达斯告诉人们的终极话语是："There Will Be Haters."这句话的中文翻译为："被嫉妒，你够格吗？"

这句话可以解读为，如果有人对你如此嫉妒，那么说明你在做的是足够闪耀的事，而这些嫉妒你的人也渴望拥有这一切。

这条广告的片尾还传达了一个信息，拥有阿迪达斯的一款球鞋也成为了旁人眼红嫉妒的原因。试想，谁不想穿上一双会被人羡慕嫉妒的球鞋在球场上恣意奔跑呢？

相信在中国80后的记忆里，对旺仔QQ糖的广告应该印象深刻。广告一开始，有个小朋友在吃旺仔QQ糖，另外一个小朋友隔着玻璃很羡慕地看着他，表现出很想吃的样子，然后吃糖的小朋友就问："你也要一颗吗？"这可把窗外的小朋友高兴坏了，连忙说了一声："Yes！"

如今看来，这些广告的表现手法和内容都已过时，看着还有些好笑。但是，在当时的电视荧幕上，旺仔QQ糖这条广告一下子抓住了电视机前小孩子们的心，真羡慕别人能吃旺仔QQ糖。于是，很多孩子吵着爸妈买旺仔QQ糖，吃在嘴里不仅觉得味道好，而且感觉自己也会被其他小朋友羡慕。

有研究人为，越是心理成熟的人，越不容易羡慕嫉妒旁人，他们更加坚持自己的信念，不会轻易受人影响。照此理解，令人羡慕嫉妒的内容引流或许并不适合成熟的消费者，这样做法的难度更高，效果也难以预测。当然，如果你调查得知，你的消费者是容易羡慕别人或被人羡慕的人群，那么请大胆的开发他们的嫉妒心，他们会喜欢的。

恐惧

“不用香水的女人没有未来”——这句香奈儿的经典广告词恐吓了无数女人。为了自己的未来，她们买了香奈儿的香水。此类略带威胁口气的广告语有很多，这些内容给人传达的意思是，如果你没有拥有××（产品），你就会失去××（通常是重要的事物）。

每个人都有恐惧的东西，他们也渴望战胜恐惧，因此，他们会购买一些“保障物品”来解除恐惧，或者延迟令人恐惧的时刻的来临。不过，恐吓式的广告听多了之后，消费者就产生了免疫力，对于性格刚强、心智成熟的人而言，恐吓不一定能起到什么作用。

恐惧引发的反应有很多种，比如看恐怖片的时候，观众会吓得尖叫或者蒙上眼睛不敢看；路遇歹徒行凶的时候，人们会想办法求助逃跑，这类反应都是身体受到恐惧威胁时的自然反应。

当然，除了本身就以恐怖为卖点的产品，例如密室逃脱、恐怖电影，其他大多数商品不会贸然与恐怖扯上关系，谁也不想把消费者吓得撒腿就跑，这样的做法有可能非但没有引流，反而让人躲得远远的。

因此，不管是广告画面还是广告语言，消费者们都鲜少看到特别恐怖的内容，最多也不过是轻微恐吓，而且都是非常温柔的。然而，如果要采用引人恐惧的手段引流，而内容对观众的恐惧感刺激度又不够，其效果也会大打折扣。

不过，也有不少利用恐惧引流的成功案例。1984年1月22日，苹果公司推出了一则广告，堪称是有史以来运用恐惧方式拍摄的最经典的广告。

这则名为《1984》的广告讲述了这样一个场景：一开始，伴随着阴冷的音乐，一排排光头男子面无表情地进入一个阴森的会场，他们像机器人一样坐在板凳上，目光呆滞地看着会场大屏幕。

大屏幕上，一个像“大哥”模样的人正在用极其压抑的口气训话，他说：“我们思想的统一，是比任何舰队或军队更有力的武器，我们彼此别无二致，也带有相同的意志、相同的决心、相同的目标。我们的敌人最终会因极度困惑而死，我们会以困惑来埋葬他们，我们会取得最终的胜利。”

在“大哥”训话的同时，一位身穿红色短裤和白色Mac背心的女子正在被头戴钢盔、挥舞着棍棒的警察追赶，这位身材健美的女子手拿铁锤，朝着会场方向拼命奔跑，但她没有用手里的铁锤对付在身后追赶的警察们。

终于，她冲进了会场，快速抡了三次铁锤，低沉有力地发出“啊”的一声，将铁锤砸向了大屏幕。一瞬间，“大哥”的脸随着屏幕的轰炸式碎裂而消失，在场的所有人都惊讶地长大了嘴巴。

此时，一个严肃的声音伴随着屏幕上映出的文字出现：“1984年1月24日，苹果电脑将推出Macintosh（Mac的全称），你会明白为什么1984年不会是小说中的1984年。”

阴冷的音乐、阴森的画面色彩、阴沉的语气、阴郁的听众再加上逃命似慌张而急促的追赶，这则广告从头到尾都令人毛骨悚然，这种恐惧是来自内心的。

它所能引起的恐惧反应不是身体上的躲避，而是意识层面上更深层次的恐惧。也可以说，这是一种文化恐惧。短片里的1984，一方面是指当时所处的年份，另一方面是出自英国著名政治讽刺作家乔治·欧威尔（George Orwell）在1949年写成的一部虚幻预言小说。

压抑和绝望始终贯穿在这部小说中。故事里的人们生活在一个极权专制的国家，他们被领导人“大哥”所控制，他们生活的四周也充满了“大哥在注视着你”的警告语，思想和行为被严重约束，没有任何自由。

于是，在观看苹果这条广告视频的时候，看过或者了解《1984》小说的人会被里面的画面震慑住。从小说到视频画面，他们的恐惧感会被唤醒，而且积聚起来。据说，这条广告曾把预先观看的苹果董事会人员吓得面如土灰。

最后，随着大屏幕的破碎，大家的恐惧感才得以释放。不过可以看到的是，苹果并没有扮演令人恐惧的“大哥”角色，而是扮演了拯救人类的女英雄。

在当时的市场环境下，“大哥”暗指苹果的竞争对手IBM公司，表达出苹果对IBM想要控制新兴个人电脑市场的反击。作为一个破坏者、创新者，苹果发出了内心的呐喊。

据有关新闻报道，这则广告其实差点被枪毙，但它最终还是成功播出，并且震惊了美国民众，同时也让Mac电脑的销售额在1984年4月底就超过了1.5亿美元，苹果电脑的江湖地位由此奠定。

像这种以预言、假设为背景的恐吓内容，不会对观众造成真正身体上的伤害，但却能够精准地留在人们的思想意识里，产生更深层影响。

羞耻

亚当和夏娃偷吃禁果后，在看到对方没穿衣服时，有了羞耻的感受。这种与生俱来的情感往往藏在人们的内心深处，不愿被发现，不愿被提及。

可以说，羞耻是比悲伤、恐惧等更令人反感的情绪，人们拒绝羞耻的感觉，大家都希望光明正大地生活在蓝天下。正因为羞耻心的存在，人们才想要努力做一个好人，唾弃犯罪或者不道德的行为。

在一张反腐倡廉的海报上，画了一位天真可爱的小姑娘，海报上写着，“当人们谈论你的时候，她会默默走开。”这张海报乍一看有点摸不着头脑，但只要一细想就明白了，这句话暗指的是，如果你（一位父亲）犯了贪污受贿罪，你的女儿会因此受到责难。

显然，这会唤起父亲因贪污而无颜面对女儿的羞耻心，以此警示官员们要廉洁奉公。

在经济市场，与羞耻心相关的引流内容并不多。在一款止痒药膏的广告中，主人公在多个公共场合因皮肤发痒而影响了形象，而最终由这款药膏解决了他的烦恼，化解了尴尬。又比如，在洗衣粉广告里，有人的衣服不小心弄脏了，感到有些尴尬，这时候就靠广告中的洗衣粉解决了问题。诸如此类与羞耻心相关的内容，其实都是非常轻微的。

2016年，日本某知名护肤品拍摄了一组公益形象广告。这则广告与“剩女”有关，短短时间内，播出次数就达到了数百万次，引发了社会争议。

在这条视频里，出现了多个尚未结婚的大龄女青年，都被贴上了“剩女”的标签。在这些女性和其父母的表述里，反映了社会对剩女人群的诸多误解和不尊重，以及她们自己内心的困惑。最终，视频里被采访的女性喊出了“不为结婚而结婚”的心声。

相信每个观看视频的未婚大龄女青年在看到前半部分的时候，都能联想自己正在面对的尴尬处境。然而，这条被播放了很多遍的广告的失败之处在于，它没有真正化解掉剩女们的尴尬心或者羞耻感。

虽然该品牌提倡的是“每一位女性都可以独立、自信和美丽”，但它犯的一个致命错误是，从头到尾，这些女性身上都被贴上了剩女的标签，这种做法本身就是对女性的不尊重。

剩女与其他弱势群体不同，比如残障人士或者老年群体，这都是一种事实，而且这些弱势群体历来受到人们的同情和关怀。但剩女不一样，剩女这个词对于社会，尤其对与之对应的女性来说，更多的是一种戏谑，而且带有恶意。

一个人，往往能够做到自嘲自黑，但是总是不会喜欢被人嘲笑被人曲解的。这条“别有用心”的广告，在开头部分通过女性和家人的自述，试图让观众感到不安和尴尬，遗憾的是，在最后也没能顺利冲破这层尴尬。

更严重的是，如果观众把该品牌和剩女形象联系起来，就会形成这样的联想：××品牌是剩女用的。这样一来，不管是不是剩女，消费者都会对品牌产生抗拒。

因此，引流内容并不是不可以引发消费者的羞耻感，但重要的是，要在内容中修通一个渠道，让消费者平稳甚至是愉悦地克服这种感觉。

痛苦

2016年，一则短片从国外传到了中国，在短片里，主人公Em-Ford满脸痘痘，素颜出现在大家面前。在社交平台Instagram上，她是一名美妆博主。

镜头里，Em的皮肤糟糕透了，甚至有些恐怖。紧接着，镜头围绕着她不停切换，背景面上出现了许多评论，比如“我甚至都不敢看她了”“她的脸怎么这样啊”“丑八怪”“她有没有洗过脸啊”等等，恶意的评论一直不停地出现，让人很难过。

而对于Em来说，她不仅难过，而且痛苦，眼泪就要夺眶而出了。这时，相信正在看视频的人都能或多或少体会到这位女子被人恶评的痛苦。

短片的后半段，Em开始迅速地化妆，在化妆品的帮助下，她很快变成了一位肌肤光滑透亮的美女。镜头里的她很高兴地笑了，而背景图里也出现了“她好漂亮”“太美了”等等夸赞。

然而，恶意的评论并没有终止。有人质疑她脸上的妆太浓，是在骗人，也有人说她看起来真恶心。受不了痛苦折磨的Em流下了眼泪，她开始擦去脸上的妆容，最后素颜的她在背景屏幕上喊出了“你是美丽的”。

其实，Em的皮肤本来是很健康的，但后来却出现了问题。发现问题后，她不想以素颜的形象出现在社交平台上，于是选择了化妆掩盖。

但是在制作这条短片的3个月前，Em开始在网络上发出自己真正的素颜照片，结果受到了网友的恶评攻击。当她又重新化妆遮住痘痘之后，网友们仍然没有罢休。

于是，她将自己亲身经历的真实故事拍成了短片，将自己的痛苦赤裸裸地摊开摆在了网友们面前。这一次，她得到了大家的同情和支持，人们赞扬她的勇敢，并且不再“嫌弃”她的痘痘。

正如Em的短片所展现的那样，当人们了解到别人的痛苦时，就会产生同情心，想要去安慰和保护对方，想要减轻对方的痛苦，甚至宁愿自己受苦也不愿对方再受折磨。人们之所以会想像个英雄一样解救他人，很大程度上是因为他们感受到了别人的痛苦。

另一方面，人们也会想尽办法避免自己或使他人遭受身体或者心灵上的痛苦。看到别人痛苦时，大家会上前安慰，那是因为别人的痛苦感染了自己，为了解除自己的心里痛苦，人们才选择去帮助痛苦的人。当然，这与人类善良的品质也不无关系。

再者，以止痛药品广告为例，比如云南白药膏，或者一些治疗胃疼牙疼的药，往往会在广告中设计主人公觉得很痛的画面，这些镜头的出现就是为了勾起观众对疼痛的记忆和担忧，而且让观众记住在痛的时候要用某种药物来止痛。

当然，不管是身体疼痛还是心理疼痛，商家创作引流内容的目的不是为了让消费者感到痛，而是让他们在痛之后能够体会到品牌产品带来的舒心。

社群内容，从社交需求延伸而来

在引流新时代，为了满足消费者的社交需求，社群的概念适时产生了，将社交需求推向了更高峰。

目前，网红、微博红人、微商等新兴的商人类型，无一不是通过建立社群的方式赚钱，这些个人或平台向顾客提供满足社交需求的引流内容，这些内容有可能是直播平台上的一句互动对话，微博上的一句留言，朋友圈的一个点赞，微信公众号的一篇好文章，一次线下活动交流……

通过内容的积累，个人和平台之间的关系也会不断深化，最终建立起含有较强社交关系的社群圈子。值得注意的是，在社群经济领域，内容并不是像平面广告一样的单一文案，而是各种不同内容的综合呈现。

也就是说，社群经济领域的内容不仅是一个留言回复、一篇文章，也不完全是做活动，这里的内容涵盖面更广、形式更丰富。在社群里，内容发挥着关键的聚集和黏合作用。

财经作家吴晓波在《我所理解的社群经济》一文中提到，社群是一种基于互联网的新型人际关系。

他认为，在我们的真实生活中，孩子们愿意天天在广场上撒野，成年人则希望找到有同类的角落。这是互联网社群得以存在的理由。

一个人可能生活在不同的社群里，喜欢财经的人在一个社群，喜欢高尔夫的人在一个社群，喜欢旅游的人在一个社群，每年有一百万净资产可以投资的人在一个社群。

同时，一个人会有很多的爱好、身份和标识，他可能生活在很多的社群里，但在同一个社群里的人，他们的价值观和审美一定是互相认同的。

而以社群经济玩转互联网的罗振宇，则把社群经济称为未来商业的核心动力，对社群经济的发展予以众望。他曾撰文表示，“罗辑思维”的实质是基于互联网的社群。社群关键不在于有多少人，而在于影响力有多大。一旦一群人聚集起来，他们就会产生占便宜的能力，这就是商业利益的来源。

在社群经济思维的引导下，“罗辑思维”在四个月内两次招募付费会员，入账的会员费近千万元，可以说掌控了令人羡慕的客流量和现金流量。

人类对社交的需求能够创造多大的流量？无论是之前的口碑营销、粉丝营销，还是如今的社群经济，都能够证明社交需求是一块商业金矿。而从口口相传到微博、微信、QQ等各种网络社群，变化的只是媒介形式，不变的是人类的社交需求。

在成都，有一个以社群经济为发展方向的公众平台“蓉漂”，该平台在内容上的实践和理论总结，值得思考。

“蓉漂”的名字是从“北漂”演化而来的，笼统地说，就是指在成都工作生活的非成都本地人。“蓉漂”建立的目的，是将这一群人圈到一起，形成社群。

一开始，“蓉漂”在平台上发布过一些与成都有关的整编内容，比如《你知道成都最有情怀的老地方有哪些吗？》《为什么成都是手游第四城》《16年前刘强东卖碟时，最早的蓉漂都在做什么？》等等，这一系列文章有30篇左右，虽然都是编辑费心搜索整理的好文，但发布后却效果平平，粉丝增长没有什么起色，平均阅读量也只有100次左右。

在创立三个月之后，“蓉漂”平台粉丝才刚好超过50人，阅读量最高的也只有几百。于是，“蓉漂”决定改变引流方式，把目光重点锁定在成都打拼的创业者，在有故事的蓉漂个人身上，以原创采写的方式吸引类似人群和对蓉漂故事感兴趣的粉丝关注。

这种方式创作出来的内容，具备了一定的社交属性。其一，“蓉漂”平台自身走出了屏幕，主动与采访对象沟通，双方产生了互动，迈出了社交的第一步；其二，报道中的人物会吸引一部分受众的目光，勾起他们想要了解更多的社交需求。

一个月内，“蓉漂”推出了五篇原创采写文章，粉丝增长了40人左右。虽然增幅不大，但运营者尝到了原创内容的甜头。

这时候，“蓉漂”后台收到了一些粉丝询问，希望能够认识或者求教报道中的人物。在认识到受众的社交需求后，“蓉漂”立即计划并启动了线下落地活动。

根据采访人物的不同特点，“蓉漂”为他们设计打造了不同主题和风格的落地活动。比如，“断舍离”收纳师分享会、pop设计培训会、旅游英语交流会、家居装饰揭秘讲座、油纸伞制作活动等等，有时候也会发布一些与被采访公司相关的招聘信息。平台粉丝通过留言或私信的方式就有机会参加这些福利满满的线下活动。

就这样，与原创内容同时发布的这些活动信息，迅速产生了明显的引流效果。新的一个月时间内，“蓉漂”共发布了七篇带活动互动信息的原创文章，收获了160位新粉丝，是上一个月新增粉丝量的四倍。而在阅读量方面，其中三篇文章阅读量超过1000次，单篇最高阅读量近1900次，较之以前也有了大幅提升。

通过活动报名环节，“蓉漂”后台的粉丝活跃度也不断提升，基本每期活动都能保持20至30人的报名数。

这样一来，“蓉漂”与被采访人物的社交关系进一步加深，同时还与粉丝建立了更亲近的社交关系。从线上到线下，从零交流到面对面交流，“蓉漂”通过原创内容持续引入流量，又通过活动增强了与粉丝之间的黏度，一举两得。

由于创作的内容和举办的活动满足了粉丝的社交需求，“蓉漂”线上线下的粉丝如同滚雪球一样，越来越多。今后，当粉丝聚集到一定数量的时候，“蓉漂”便会对粉丝进行调研分析，开始进行社群经济的变现尝试。

走在“蓉漂”前面的吴晓波频道和罗辑思维已经成功地完成了社群经济的变现环节，拥有了现金流的注入，并且在变现方式上进行了许多新尝试。

吴晓波频道保持着每周一次线上活动，每两周一次线下活动的频率。该平台在全国81个城市设有读书会，除了固定地举办读书活动外，还有很多其他类型的落地活动。比如，吴晓波频道曾发起了“重译经管经典图书《国富论》”的活动，召集粉丝组团重新翻译《国富论》，并且众筹了预购书款。这一活动极大地调动了粉丝的参与度，加深了粉丝与平台的关系。

在短短两年时间内，吴晓波频道就举办过上千次的互动活动，比如全国100家咖啡馆改造计划、定期企业参访、众筹观影等等。平台在与粉丝建立朋友般亲密关系的同时，也更加了解了粉丝，为之后的变现打下了基础，同时降低了风险。

罗振宇曾说，“只有当你的客户变成用户，用户变成粉丝，粉丝变成朋友的时候，才算得上是社群。”这句话也体现了人们的社交需求在社群关系上的关键作用。

如果不是出于社交需求，人们就不会完成从客户到朋友的角色转变，就没有社群内容创造，更没有社群经济一说。

创作有生命力的引流内容

缺的不是内容，而是有价值的内容

当互联网降低了内容发布的成本之后，内容就开始泛滥。

据中国互联网信息中心（CNNIC）于2016年初发布的第37次《中国互联网络发展状况统计报告》显示，截至2015年12月，已有半数中国人成为互联网网民，网民规模达到6.88亿，互联网普及率达到50.3%。其中，2015年新增网民3951万人，增长率达6.1%。

另一个重要趋势是，手机正成为越来越多网民的上网设备。截至2015年12月，我国手机网民规模达6.20亿，有90.1%的网民通过手机上网。这其中只使用手机上网的网民达到1.27亿人，占整体网民规模的18.5%。

随着移动互联网的普及，人们接收内容也越来越方便了，一个普通的社交媒体用户每天要吸收数百条内容。在信息爆炸的时代，人们的大脑被内容侵占了，时间也被内容侵占了。

然而，大量重复和没有营养价值的内容堵塞在受众的内容接收通道里，成为垃圾。人们对内容的关注度越来越低，或者说受众对内容的屏蔽能力越来越强。

另一方面，搜索引擎技术的发达，给内容质量带来了一定的影响。在搜索引擎时代，排在搜索第一位的不一定是最好的内容，反而有可能是最差的内容，因为，企业凭借技术手段，能够将差的内容以最快的速度送到受众面前，而真正的好内容却有可能遗失在角落里无人问津。

这样的场景令人痛心，那么，难道受众的信息饱和了就不再需要内容了吗？人们丧失了对搜索内容的信心了吗？

其实不是的，垃圾内容越多，受众越是渴望内容，但他们渴望的是有价值的内容、好的内容。比如，电影《不二情书》上映后，一位影迷评价称：虽然电影剧情一般，但是里面讲到的古诗情诗，真是太美了，很享受。

单从一句影评也能感受到，人们对美好的追求是不会停止的，人们天生就会被美好的事物所吸引。归结到引流内容来谈，对消费者有价值的内容，同样会留住消费者的心。

而随着人们搜索能力和判断能力的提升，无用的垃圾内容也渐渐丧失了地位，变成废弃的内容，就算存在，也无法获得受众的重视。

其实，判断内容有无价值并没有唯一标准，对消费者有实际用途的内容、真实可信的内容、有美感的内容、能引发消费者情感共鸣的内容、引导消费者正确价值观的内容等等，这些都能称作是有价值的内容。

也就是说，谁的内容能更深入地满足消费者的需求，谁就有可能获得更多的流量。有人说，引流内容应当根据消费者需求而定，这话不假，但我们要指出的是，内容作为一种创意，是无法完全随消费者的意愿而来的。

当然，有的时候，消费者也不知道自己会喜欢什么样的内容，他们也需要被更高级的好内容引导。

作为阅读App“ONE・一个”的主编，韩寒曾表示，互联网时代的编辑和传统的报纸、杂志时代不一样了，以前是编辑决定用户口味，但如今编辑们要在自身品味与受众需求之间找到平衡。

而财经作家吴晓波则认为， 写作者如果想要迎合人，那是不可能发生的事。读者喜欢什么，就写什么，那是不可能的。一个内容写作者，不用刻意去讨好读者，讲该讲的话，如果有人听，你就会从一根针变成一个磁场，如果没人听，那么该干嘛干嘛去。

在很长一段时间内，很多内容创作者不喜欢甚至排斥不断增多的内容通道，而当免费内容成为常态之后，他们感到苦闷与无奈。其实，内容创作者不必惊慌，不管一开始是免费还是付费，优质的引流内容都会有人买单。

天奇阿米巴基金投资合伙人、知名博主魏武挥曾打过一个形象的比喻，他将内容比作是鸡头，渠道比作是鸡翅、鸡腿等其他部位。

鸡头卖价并不高，甚至有人不吃鸡头不会去买。一只鸡真正卖得好卖得起价的部位是鸡翅鸡腿，而渠道就好比是鸡翅鸡腿。

一只鸡，如果少个翅膀、少个腿，还能活。但如果没有鸡头，就没命了。所以说，作为鸡头的内容，一定要存在，并且是存活的根本。

为什么商场里都有电影院？试想一个人为了看电影，花了50块钱去商场电影院，这50块钱是他为电影内容付出的费用。但除了这个消费内容，他还可能会在商场买饮料、爆米花、吃饭、买衣服等等。

电影内容虽然只有每人50元的收入，但如果没有它，就不会产生其他的流量。这就是内容为本的释义。当然，如果既做美了鸡头，又做好了鸡翅鸡腿，这整只鸡还会愁没有人来抢吗？

原创内容还是衍生内容？

原创内容，就是自主创作的内容，通常是由第一手资料创作而来；衍生内容，则是经授权转载或组合改写他人的原创内容而生成的新内容。

受众都是喜欢新鲜的，原创内容能够较好地满足他们对新鲜事物的追求，而对引流者来说，拥有原创内容就拥有了主动权。但另一方面，好的原创内容耗时、耗力而且耗钱，并非容易之事。

原创内容的创作是一件苦差事，创作一次是新鲜，但要保持兴奋进行持续创作就是一个难题了，如果要保持高频率高质量的原创，那更是难上加难。

因此，在网络上，人们看到的是一个个闪亮的段子手大V，但却不知道大V背后有专业的内容写作团队，毕竟，一个人的力量常常无法满足受众对优质内容的需求。

有这样一个说法，对于一个原创者来说，要有1000字的高质量产出，就要有10万字的阅读积累，但这样的专业素养无法速成，只能靠长时间的积累。

也正因原创很难，所以引流者往往以制造衍生内容的方式来弥补内容的空白。常见的衍生方式包括，完全转载热门文章，或者将热门文章从不同方面重新整编，又或者把旧的内容整合为新的主题，再进行发布。

相较于原创而言，衍生内容耗费的时间和资源会少一点，但同时对内容控制的主动权也少了一点。虽然衍生内容比不上原创内容那么“高大上”，但衍生内容也有自己的价值。比如，一些旧的内容，在新的主题之下，会散发新的魅力。

对于一个供给内容的平台来说，比如微信公众号，完全转载文章的做法并不可取。如果受众一前一后看到两篇相同的文章，心里肯定会觉得不舒服，就算是同一主题，受众也希望看到稍有不同的内容。

而在广告内容创作领域，绝对的照搬内容是不可能的，但借鉴此前已有的创作手法是可行的。不过，就算是借鉴，也一定要有理有据，不能抄袭。

苹果《1984》主题广告就曾被手机品牌摩托罗拉和HTC模仿过，虽然后两者无法超越苹果，但还是制造了话题，吸引了受众的关注。

对于引流者来说，如果有足够的原创能力，那么理应在原创内容创作上不断突破，如果原创力不足，与其制作出一大堆没有价值的原创内容，不如借鉴别人好的做法，运用到内容创作中。

对于一个有稳定企业文化和价值观的品牌来说，其创作的绝大多数原创引流内容，其实从根本上都是从企业价值观衍生而来。

也就是说，企业价值观“孵化”了其他引流内容，而其他引流内容又强化了企业价值观内容的地位。企业在发布引流内容的时候，实际上是企业核心价值观的表达。

2016年，可口可乐品牌推出了“Taste the Feeling（品味感觉）”的新广告，这是该品牌历史上第48支广告，上一支广告是在2009年启用的“Open Happiness”。

表1　可口可乐48条广告语

1886	Drink Coca-Cola	请喝可口可乐
1904	Delicious and Refreshing	美味畅爽
1905	Coca-Cola Revives and Sustains	可口可乐，唤醒活力，持久畅快
1906	The Great National Temperance Beverage	伟大国家的无酒精饮料
1917	Three Million a Day	每日销售300万瓶
1922	Thirst Knows No Season	口渴没有季节
1923	Enjoy Thirst	口渴时的享受
1924	Refresh Yourself	清爽你自己
1925	Six Million a Day	一天喝掉六百万瓶
1926	It Had to Be Good to Get Where It Is	生活处处皆可乐
1927	Pure as Sunlight	如阳光纯净
1927	Around the Corner from Everywhere	任何角落，随手可得
1929	The Pause that Refreshes	清爽一刻
1932	Ice Cold Sunshine	冰镇阳光
1938	The Best Friend Thirst Ever Had	解渴最好的朋友
1939	Thirst Asks Nothing More	解渴别无所求
1939	Whoever You Are, Whatever You Do, Wherever You May Be, When You Think of Refreshment Think of Ice Cold Coca-Cola	不管你是谁，不管你在做什么，不管你在哪里，当你需要提神，那么你就想一下冰镇的可口可乐
1942	The Only Thing Like Coca-Cola is Coca-Cola Itself	只有可口可乐，才是可口可乐
1948	Where There's Coke There's Hospitality	温情与可乐同在
1949	Along the Highway to Anywhere	高速路旁随处可见
1952	What You Want is a Coke	你想要的就是可乐
1956	Coca-Cola......Makes Good Things Taste Better	使美好的事情更加美好

声明

本书在写作过程中使用了部分的文字和图片资料，在此向这些图文资料的版权所有人表示诚挚的谢意。

由于本书所用部分图文涉及范围广，并且年代久远，部分图文的版权所有者无法一一取得联系，请相关版权所有者看到后，与考拉看看创意中心联系，以便敬付稿酬。

来信请邮寄到：成都市二环路东一段29号小院内　考拉看看图书馆

邮编：610016

电话：400-021-3677

图书在版编目（CIP）数据

极致引流：用消费者思维颠覆传统成交路径 / 熊玥伽著. -- 北京：中国友谊出版公司, 2017.7
ISBN 978-7-5057-4093-8

Ⅰ. ①极… Ⅱ. ①熊… Ⅲ. ①市场营销学 Ⅳ. ①F713.50

中国版本图书馆CIP数据核字（2017）第153124号

书名 极致引流：用消费者思维颠覆传统成交路径
作者 熊玥伽
出版 中国友谊出版公司
策划 杭州蓝狮子文化创意股份有限公司
发行 杭州飞阅图书有限公司
经销 新华书店
制版 杭州真凯文化艺术有限公司
印刷 杭州钱江彩色印务有限公司
规格 710×1000毫米 16开
14印张 143千字
版次 2017年7月第1版
印次 2017年7月第1次印刷
书号 ISBN 978-7-5057-4093-8
定价 39.00元
地址 北京市朝阳区西坝河南里17号楼
邮编 100028
电话 （010）64668676